달섬 세계고전
9

대학

大學

대학

황갑연 역주

달섬

목차

제1장
주자 『대학장구大學章句』 서문

주희 서문

『대학』은 옛날 태학이라는 교육기관에서 학생을 가르치던 교육 내용과 방향 그리고 방법을 수록한 책이다.

『大學』[1]之書, 古之大學所以教人之法[2]也.

역자 해설

1. 대학大學 : 이곳에는 '대학'이 두 차례 출현한다. 주희에 의하면, 앞의 『대학』은 『사서』 중의 하나인 서책을 의미하고, 뒤의 대학은 주대周代 교육기관인 태학을 의미한다. 그렇다면 『대학』에서 소개하고 있는 내용이 태학의 실질적 교육 내용인가? 이점을 증명할 수 있는 자료는 없다. 태학이라는 교육기관이 실재했는가에 대해서도 여러 설이 있다. 주희는 단지 『대학』에 수록되어 있는 세 개의 강령과 여덟 개의 조목이 유가 철학에서 지향하는 이상적인 학제와 교육 내용이라고 생

각하여 그것을 곧 태학의 교육 내용과 방향이라고 단정한 것이다.

2. 법法 : '법'은 태학의 핵심 교육 내용인 '도'를 의미한다. 이 '도'에는 군자를 양성하는 이상적인 방향 그리고 내용 및 방법 등이 포함되어 있다.

주희 서문 ••

하늘이 백성을 탄생시켜 이 땅에 내릴 때부터 (모든 사람들에게) 인의예지를 내용으로 하는 도덕본성을 부여해주지 않음이 없었지만, (사람들이 태어날 때부터 갖추고 있는) 기질이 서로 똑같지 않기 때문에 (인의예지의) 본성을 (본래부터) 소유하고 있음을 깨달아 그것을 온전하게 실현할 수 없게 되었다. 만일 그 중에서 한 사람이라도 총명예지하여 (하늘로부터 받은) 본성을 충분하게 실현하면 하늘은 틀림없이 그 사람을 억조 만백성의 지도자(軍師)로 삼을 것을 명하여, 그 사람으로 하여금 백성들을 잘 다스리고 가르쳐서 (하늘로부터 받은) 백성들의 그 본성을 회복하게 하였다. 이것이 바로 복희·신농·황제·요임금·순임금이 하늘의 원리를 계승하여 사람의 도리(極)를 세운 바이고, 사도의 직책과 전악의 관직은 이 때문에 설치한 것이다.

蓋自天降生民[1], 則旣莫不與之以仁義禮智之性[2]矣, 然其氣質[3]之稟, 或不能齊, 是以不能皆有以知其性之所有而全之也. 一有聰明叡智, 能盡其性者出於其間, 則天必命之以爲億兆之軍師[4], 使之治而教之, 以復其性. 此伏羲·神農·黃帝·堯·舜所以繼天立極, 而司徒[5]之職, 典樂[6]之官所由設也.

역자 해설

1. 천강생민天降生民 : 문자적 의미는 "하늘이 백성을 탄생시켜 이 땅에 내렸다"는 것이지만, 주희 철학에 근거하여 말하면, '리理'와 '기氣'의 조화에 의거하여 사람이 존재함을 뜻한다.
2. 성性 : 주희에 의하면, 모든 현상계의 사물은 리와 기로서 이루어진다. 그중 리는 모든 사물에 동일한 내용으로 갖추어져 있는데, 사물에 갖추어진 리를 '성'이라고 칭한다.
3. 기질氣質 : 리와 기는 우주만물을 이루는 두 가지 필수요건이다. 그중 리는 동일성의 원칙이고, 기는 차별성의 원칙이다. 주희에 의하면, 리는 비록 동물과 인간에게 동일하게 품수되었지만 오로지 사람만이 가장 빼어난 기질을 하늘로부터 부여받았기 때문에 성의 내용인 인의예지의 도덕성을 자각하여 실천으로 현상화할 수 있다.
4. 군사軍師 : 지도자의 의미이지만, 일반적인 리더가 아니라 품덕과 재능을 겸비한 성군聖君 혹은 성왕聖王을 가리킨다.
5. 사도司徒 : 중국 주대의 관제에서 민중의 교화를 담당한 관직이다. 고려 시대에는 삼공三公 중의 하나였고, 조선 시대에는 호조판서를 지칭한 말이다.

6. 전악典樂 : 전악은 조정에서 음악을 관리하던 관원이다. 이곳의 기록을 보면, 주희는 전악이라는 관직이 요순 이전부터 있었던 것으로 기술하고 있지만, 순임금 시대에 전악의 관직이 있었다는 기록은 없다.

주희 서문 ••

하·상·주 삼대가 융성했을 때 그러한 법이 점차로 갖추어지게 되었고, 그후에 왕궁과 국가의 도읍 및 시골 마을에 이르기까지 학교가 없는 곳이 없게 되었다. 사람이 태어나서 8세가 되면 왕과 공경의 귀족에서부터 서민의 자제에 이르기까지 모두 소학교에 입학하고, (마당에) 물을 뿌리고 청소하며, (손님을) 맞이하고 대답하며, 들어가고 물러나는 예절 그리고 예의·음악·활쏘기·말 타기·글쓰기·셈하기에 관한 글을 (그들에게) 가르친다. 15세가 되면 천자의 맏아들과 나머지 아들에서부터 공·경·대부·원사의 적자 그리고 백성들 가운데서 빼어난 능력을 소유한 사람들에 이르기까지 모두 대학에 입학하고, (그들에게 사물의) 이치를 궁구하여 그것으로써 마음을 바르게 하고 몸을 올바르게 수양함으로서 다른 사람을 다스리는 도리를 가르친다. 이것이 또한 학교의 가르침에 크고 작은 절차가 나누어지게 된 까닭이다.

三代[1]之隆, 其法寖備, 然後王宮國都以及閭巷[2], 莫不有學.

人生八歲, 則自王公以下, 至於庶人之子弟, 皆入小學, 而教以灑掃應對進退之節, 禮樂射御書數之文. 及其十有五年, 則自天子之元子衆子[3], 以至公卿大夫元士[4]之適子[5], 與凡民之俊秀, 皆入大學, 而教之以窮理正心修己治人之道. 此又學校之教, 大小之節, 所以分也.

역자 해설

1. 삼대三代 : 하·상(은)·주를 삼대라고 칭한다.
2. 국도國都와 여항閭巷 : 국도는 국가의 수도 혹은 주요 도시를 의미하고, 여항은 일반 서민들이 거주하는 곳을 의미한다. 당시에는 지방을 차등화하여 등급이 다른 학교를 설치했다. 당黨·수遂·국國이 있었는데, '당'은 행정단위의 기본인 마을이고, '수'는 왕성으로부터 백리에서 삼백리까지 땅으로서 교외의 땅이며, '국'은 제후국이다. 이러한 등급 차이를 근거로 학교 등급 역시 차별화되었다.
3. 원자元子와 중자衆子 : 원자는 천자의 맏아들이고, 중자는 그 외의 아들들이다.
4. 원사元士 : 주대에 천자를 보필하는 지식인(士)을 원사라고 칭했다. 제후 역시 사士를 거느렸지만 제후를 보필하는 '사'와 구별하기 위하여 '원元' 자를 추가하여 '원사'라고 칭했다.
5. 적자適子 : 적자嫡子와 동일하다. 즉 정실이 낳은 아들이다.

주희 서문 ••

무릇 학교라는 기관의 설치가 이처럼 광범위하고, 가르치는 방법의 차례와 절목의 상세함이 이상과 같았지만, (실제로) 가르침으로 삼은 것은 모두 백성들의 군주가 직접 실천으로 행동하여 마음으로 얻은 것을 근본으로 하였으며, 백성들의 일상적인 삶에서 실행되는 도리 밖에서 (교육의 내용을) 찾지 않았다. 때문에 당시 사람들은 배우지 않음이 없었고, 배운 사람들은 자기 본성에 원래 갖추어진 도리를 알아, 그것으로써 직분에 따라 마땅히 해야 할 바를 각자 힘써 하지 않음이 없었다. 이것이 바로 옛날에 (정치와 문화가) 융성할 때에는 정치가 위에서 높게 드러나고, 아래에서는 풍속이 아름답게 된 까닭으로서, 후세 사람들이 미칠 수 있는 바가 아니었다.

夫以學校之設, 其廣如此, 敎之之術, 其次第節目之詳又如此, 而其所以爲敎, 則又皆本之人君躬行心得之餘[1], 不待求之民生日用彛倫[2]之外. 是以當世之人無不學. 其學焉者無不有以知其性分之所固有, 職分之所當爲, 而各俛焉以盡其力. 此古昔盛時所以治隆於上, 俗美於下, 而非後世之所能及也.

역자 해설

1. 본지인군궁행심득지여本之人君躬行心得之餘 : 군주가 직접 실천을

통하여 자신에게 본래부터 갖추어진 인의예지의 도덕본성을 충분히 실현함으로서 일반 백성들의 귀감이 되어 그들을 교화시킨다는 의미이다. 이것이 바로 유가 철학에서 일관되게 주장하는 덕화德化 정치이다. 여餘는 '나머지'로 번역하기 보다는 '군주가 실제로 실천을 통하여 마음속으로 깨달은 도리 혹은 마음속으로 얻은 품덕'으로 해석하는 것이 자연스럽다.

2. 이륜彝倫 : 사람으로서 마땅히 지켜야 할 도리이다. 인륜人倫과 같은 의미이다.

주희 서문 ••

주나라의 문화와 정치가 쇠퇴하자 능력이 있고 성스러운 군주가 출현하지 않았고, 학교 행정과 교육이 올바르게 되지 못하자 교육으로써 백성들을 감화시키는 것이 침체되고 풍속마저 무너지게 되었다. 이때에 공자와 같은 성인이 있었지만 군주와 스승의 지위를 얻지 못하여 정사와 교육을 시행할 수 없었다. 그리하여 (공자는) 홀로 (요임금·순임금·우임금·탕임금·문왕·무왕으로 전해지는) 선왕의 정치와 문화(법)를 취하여, 그것을 외우고 (제자들에게) 전함으로서 후세에 알렸다. 곡례·소의·내칙·제자직과 같은 여러 편은 소학의 지류와 말류이다. 그리고 이 책(『대학』)은 소학에서 이룬 공을 근거로 하여 대학의 밝은 도리(法)를 드러냈으니, 밖으로는 그 규모의 큼이 지극하고, 안으로는 그 절목의 상세함을 다했다. 삼천 명의 문도가 (공자의) 말씀을 듣지 않음이 없었지만, 증자의 전함만이 홀로 그 정통성(宗統)을 얻었다. 따라서 전문을 지어서 그 뜻을 발현하였다. 맹자가 죽고 그 (종통의) 전승이 끊기니 그 책이 비록 남아 있기는 하였지만 (『대학』의 뜻을) 아는 자가 적었다.

及周之衰[1], 聖賢之君不作, 學校之政不修, 教化陵夷[2], 風俗頹敗[3]. 時則有若孔子之聖而不得君師之位, 以行其政教, 於是獨取先王之法, 誦而傳之, 以詔後世[4]. 若曲禮 · 少儀 · 內則 · 弟子職諸篇, 固小學之支流餘裔[5]. 而此篇者, 則因小學之成功, 以著大學之明法, 外有以極其規模之大, 而內有以盡其節目之詳者也. 三千之徒, 蓋莫不聞其說. 而曾氏之傳, 獨得其宗[6]. 於是作爲傳義, 以發其意. 及孟子沒而其傳泯焉, 則其書雖存, 而知者鮮矣.

역자 해설

1. 주지쇠周之衰 : 주왕조는 서주와 동주로 구분되는데, 공자는 봉건제도를 근간으로 하는 서주의 정치에 대해서는 긍정적 평가를 하지만, 봉건적 질서가 붕괴된 동주(춘추와 전국)에 대해서는 비판적 태도를 취한다. 주희 역시 공자의 견해를 근거로 춘추전국(동주)시대를 쇠衰로 규정한다.

2. 능이陵夷 : 침체되다.

3. 퇴패頹敗 : 무너지고 패퇴하다.

4. 독취선왕지법獨取先王之法, 송이전지誦而傳之, 이조후세以詔後世 : 선왕은 요·순·우·탕·문무를 지칭한다. '송誦'은 '암송하다'의 의미이고, '조詔'는 '알리다'의 뜻이다. 주희는『대학』의 3강령은 공자가 말한 것이고, 그것의 의미를 상세하게 해설한 전문은 증자가 발휘한 것이라고 주장한다. 다시 말하면『대학』 경문經文은 공자가 말한 것이고, 다시 증자가 찬술했으며, 전문傳文은 증자가 경문을 근거로 해설하고 그의 제자들이 수록한 것이라고 생각했다. 그러나 주희의 주장을 증명할 수 있는 객관적인 전거는 전혀 없다. 필자는 자사의『중용』 저작설도 의심하지만, 증자의 『대학』 저작설은 전혀 신뢰하지 않는다.

5. 지류여예支流餘裔 : 지류와 말류(혹은 후예)

6. 증씨지전曾氏之傳, 독득기종獨得其宗 : 증자가 공자의 종통을 홀로 얻었다는 견해는 주희에 의하여 확립된 것이다. 공자 사후 가장 번성한 것은 증자의 문하가 아닌 자하子夏의 문하였고, 순자 역시 광의적으로 보면 자하 계통의 학자라고 할 수 있다. 실제로 한대 유학의 주류는 증자에서 맹자로 이어지는 학통이 아니라 자하에서 순자로 전승되는 학통이었다. 그러나 송대에 리학과 심학의 시작이라고 할 수 있는 주희와 육구연이 모두 맹자를 종통으로 삼고, 명대에 왕수인 역시 맹자를 학술의 종사로 삼자 맹자학의 원류인 자사와 증자가 자연스럽게 정통의 지위를 확보한 것이다. 따라서 증자에서 자사로, 다시 맹자로

전해지고, 또다시 주희와 육구연으로 전해지는 도통의 계보는 사실상 송·명대에 결정된 것이다.

주희 서문 ••

그 이후로 속세의 유학자들은 문장文章과 시가詩歌를 외우고 읽는 것만을 학습하였고, 그러한 일에 대한 학습의 공력은 소학에 기울인 것보다 배는 되었지만 아무런 쓸모가 없었고, 이단인 허무와 적멸의 가르침은 그 높음이『대학』보다 더 고상하였으나 실제 내용이 없었으며, 기타 권모술수로써 일체의 공명을 이루려고만 하는 학설 그리고 여러 학파(백가)와 기예技藝를 가진 무리들이 혹세무민하면서 인의를 가로막는 자들이 또 분분히 그 사이에서 섞여 나와 위정자(군자)들로 하여금 불행하게도 그 정치(대도)의 요체를 얻지 못하게 하였고, 소인(백성)들로 하여금 불행하게도 (성인 군주의) 올바른 정치(至治)의 혜택을 입지 못하게 했다. 세상은 캄캄하고 어두워 숨이 막히게 되었으며, 고질적인 폐단은 반복적으로 나타나고 오대(五季—五代)의 쇠퇴기에는 파괴와 혼란이 극에 달했다.

自是以來, 俗儒記誦詞章[1]之習, 其功倍於小學而無用. 異端虛無[2]寂滅[3]之教, 其高過於大學而無實. 其他權謀術數, 一切以就功名之說. 與夫百家衆技之流, 所以惑世誣民, 充塞仁義者, 又紛然雜出乎其間. 使其君子不幸而不得聞大道之要, 其小人不幸而不得蒙至治之澤. 晦盲否塞[4], 反覆沈痼[5], 以及五季[6]之衰, 而壞亂極矣.

역자 해설

1. 사장詞章 : 좁게는 문장과 시가를 의미하지만, 일반적으로는 문사文辭를 통칭한다. 또 송대에 성리학이 등장한 이후로 시문·잡문 등의 의미로 사용되기도 했고, 성리학의 도학과 상대적인 명칭으로 사장학詞章學이라고 명명되기도 했다. 우리나라에서는 사림파의 상대적인 명칭으로 사장파라고 불리기도 했다.
2. 허무虛無 : 노장의 도가학술을 지칭한다.
3. 적멸寂滅 : 불교의 학술을 지칭한다. "허무와 적멸의 학술이 크게 번성했다"는 말은 주희가 송왕조 이전의 위진남북조와 수·당 등의 정치와 문화를 비평적으로 서술한 것이다.
4. 회맹비색晦盲否塞 : 회晦는 달이 없는 그믐밤이고, 맹盲은 시력을 잃은 맹인이며, 비否는 숨이 막히는 것이고, 색塞은 물이 막힌다는 것으로, 세상이 캄캄하고 어두워 답답하게 되었다는 의미이다.
5. 반복침고反覆沈痼 : 반복反覆은 반복反復과 같은 의미이고, 침沈은 물속에 침몰된다는 것이며, 고痼는 병이 더욱 심각하게 되어 치료할 수 없다는 것이다. 즉 당시의 세상이 더 이상 희망이 없다는 의미이다.
6. 오계五季 : 오대, 즉 후량後梁·후당後唐·후진後秦·후한後漢·후주後周

를 가리킨다.

주희 서문 ••

하늘의 운행은 돌고 돌아 순환하니 가서 되돌아오지 않음이 없다. 송나라에 이르러 덕이 융성하자 정치와 교육이 모두 아름답게 밝혀지게 되었다. 그리하여 하남 정씨 두 선생(정호와 정이)이 출현하여 맹자의 전통을 이어 받고 실제로 이 책(『대학』)을 존중하고 신뢰하면서 크게 드러내기 시작하였다. 또 이 책(『대학』)을 위하여 간편의 순서를 정하고 그 요지를 밝혔다. 그런 연후에 옛날 태학에서 가르치던 법(내용·도·방법)과 공자가 말한 경문 그리고 증자가 말한 전문의 뜻이 이 세상에 찬란하게 다시 밝혀지게 되었다. 비록 나 주희가 불민하지만 다행히도 (공자와 증자의 도)를 홀로 배워(私淑) 이에 관하여 깨달은 바가 있었다. 그 책(舊本－古本大學)을 되돌아보니 잘못된 부분이 상당히 있는 것 같아 그 고루함을 잊고 가려내 모았다. 그 사이에 나의 의견을 붙이고 빠진 부분을 보충하였지만 (이점에 대해서는) 후세 군자의 평가를 기다리고자 한다. 참람하고 주제넘은 죄를 피할 수 없음을 알지만 국가를 다스리고 백성을 교화하며 풍속을 이루고자 하는 뜻, 그리고 배우는 사람들이 자기를 수양하고 타인을 다스리는 방법에 있어 약간의 도움이 없지는 않을 것이다.

天運循環, 無往不復. 宋德隆盛[1], 治敎休明. 於是河南程氏[2]兩夫子出, 而有以接乎孟氏之傳, 實始尊信此篇而表章之. 旣又爲之次其簡編, 發其歸趣, 然後古者大學敎人之法, 聖經賢傳[3]之旨, 燦然復明於世. 雖以熹之不敏, 亦幸私淑[4]而與有聞[5]焉. 顧其爲書[6], 猶頗放失, 是以忘其固陋, 采而輯之. 間亦竊附己意, 補其闕略, 以俟後之君子. 極知僭踰無所逃罪, 然於國家化民成俗之意, 學者修己治人之方, 則未必無小補云.

순희 기유년(1189) 2월 갑자 일에 신안에서 주희가 『대학』 서문을 쓰다.

淳熙己酉二月甲子, 新安朱熹序.

역자 해설

1. 송덕융성宋德隆盛 : 송왕조는 전한(前漢 — 西漢)과 후한(後漢 — 東漢) 이후 위진남북조 · 오호십육국 그리고 수 · 당 · 오대십국이라는 약 750년 동안 전대미문의 혼란기 이후에 탄생한 문민 왕조였다. 학자마다 송왕조에 대한 평가는 다를 수 있지만, 대부분 송왕조를 유가철학에서 내세우고 있는 성왕의 도덕정치에 가장 근접한 왕조로 평가한다. 또 송대가 비교적 군사력은 미약했지만 학술은 오히려 홍성

한 시기였고, 이때에 유학이 다시 부흥했기 때문에 주희는 송왕조를 이처럼 미화한 것이다.

2. 하남정씨河南程氏 : 정호(程顥 — 明道)와 정이(程頤 — 伊川) 두 형제를 가리킨다. 주희는 정호가 아닌 정이 철학을 종사로 삼고 있기 때문에 비록 하남 정씨라고 칭했지만, 실제로 그 명칭에 대칭되는 학자는 정이이다. 정호는『대학』이라는 경전을 그리 존중하지 않았다. 원래 북송의 유학은 주돈이(周敦頤 — 濂溪)를 시작으로 삼고, 그 후에 장재(張載 — 橫渠)가 그 학술을 계승하고 다시 정호와 정이가 발전시켰다. 정이 이전까지 주요 경전은『역전』과『중용』이었을 뿐『논어』와『맹자』및『대학』은 크게 표창되지 않았다. 정호가 비록『논어』와『맹자』에 대하여 이전의 학자에 비해 상대적으로 많이 언급하지만 정호 철학의 핵심은 여전히『역전』과『중용』이었다. 정이 시대에 이르러『중용』과『역전』그리고『논어』·『맹자』·『대학』이 종합적으로 등장한다. 그러나 정이 학술의 핵심 역시『논어』와『맹자』보다는『중용』과『역전』그리고『대학』이었다. 그중에서『대학』의 격물치지는 주희 철학에 절대적으로 영향을 끼친다. 정이를 시작으로 유가 철학에서 중시하는 경전은 '오경'에서 점점 '사서'로 전이된다.

3. 성경현전聖經賢傳 : 주희는『대학』경문은 공자의 말이고, 전문은 증자가 공자의 뜻을 계승하여 찬술한 것이라고 생각했다. 그러나 이를 증명할 수 있는 객관적 근거는 없다.

4. 사숙私淑 : 직접 배우지 않고 저작을 통하여 배운 제자를 의미한다.

5. 유문有聞 : '문聞' 자는 일반적으로 '듣다'로 해석하지만, 이것과 함께

'냄새를 맡다' 혹은 '깨우치다' 등의 의미로도 사용된다. 여기서는 '듣다'보다는 '이해하다' 혹은 '깨우치다'로 해석하는 것이 자연스럽다.

6. 고기위서顧其爲書 : 이 책(書)은『예기』속에 수록된『고본대학古本大學』을 가리킨다. 주희가 개정한『대학』은『개본대학改本大學』이라고 칭한다.

제2장

『대학』 경문經文

주희 주

자정자가 말했다. "『대학』은 공자가 남긴 글로서 처음 학문에 진입하는 사람이 덕의 세계로 들어가는 관문이다." 오늘날 (우리가) 옛 사람들이 학문하는 차례를 볼 수 있는 것은 오로지 이 『대학』이라는 편篇이 남아 있기 때문이다. 『논어』와 『맹자』는 (『대학』) 다음에 보아야 한다. 배우는 사람이 (『대학』과 『논어』 그리고 『맹자』의) 순서에 따라서 배워나가면 거의 틀리지 않을 것이다.

子程子[1]曰 : "『大學』孔氏之遺書, 而初學入德[2]之門也." 於今可見古人爲學次第者, 獨賴此篇之存, 而『論』『孟』次之[3]. 學者必由是而學焉, 則庶乎其不差矣.

역자 해설

1. 자정자子程子 : 북송 시대의 유학자인 정호와 정이를 통칭하여 이정자二程子라고 부른다. 형제이기 때문에 두 사람의 학술 사상이 거의 동일할 것이라고 생각할 수도 있지만, 두 사람의 사유 체계는 크게 다르다. 주희 이전까지는 두 형제의 사상 차이가 부각되지 않았지만, 주희에 의하여 차이성이 처음으로 드러나게 된다. 자정자는 정호와 정이를 구분하지 않고 높여 부르는 것이다. 비록 주희는 정이와 함께 정호를 함께 추존했지만 정호에 대한 주희의 존경은 허사虛辭에 불과하다. 자신 학문의 종사인 정이의 친형이기 때문에 경솔하게 칭하지 않을 뿐이다. 『주자어류』를 보면 '너무 높다(太高)'·'두루뭉술하다(渾淪)' 등의 표현으로써 정호 학술을 간접적으로 비판한다.
2. 입덕入德 : 유가에서 덕의 내용은 두 가지 방면으로 전개된다. 하나는 안으로 성인의 인격을 추구하는 내성內聖이고, 다른 하나는 밖으로 성왕의 사업을 도모하는 외왕外王이다.
3. '『논어』와 『맹자』는 그 다음이다(『論』『孟』次之)' : 주희는 "먼저 『대학』을 읽고서 학문의 규모를 결정해야 한다"는 점을 강조하고, 또 『대학』을 밭문서와 여정으로 비유하기도 한다. 규모는 학문의 외형적 틀이라고 할 수 있고, 또 학술의 근본적인 지향이라고도 할 수 있다. 『대학』에 의하여 규모가 정립된 후에 비로소 『논어』와 『맹자』의 가르침이 안착될 수 있다.

경문

대학의 도는 (사람이 선천적으로 갖추고 있는) 밝은 덕성을 밝히는 데 있고, 백성을 (교화하여) 새롭게 하는 데 있으며, 지극한 선을 성취하여 그 경지에 도달함에 있다.

大學[1]之道, 在明明[2]德, 在親(新)民[3], 在止於至善[4].

역자 해설

1. 대학大學: 이곳에서의 대학은 『대학』이라는 서책으로 한정해서는 안 된다. 최소한 세 가지 의미가 종합적으로 내재되어 있다. 첫째는 교육기관으로서 태학이고, 둘째는 『대학』이라는 서책이며, 셋째는 훌륭한 도덕 군자와 정치 지도자가 갖추어야 할 학문과 덕목이다.
2. 명명덕明明德 : 역사적으로 명명덕에서 앞의 '명' 자에 대한 해석은 거의 통일되어 있지만, 뒤의 명덕에 관한 규정은 통일되어 있지 않다. 일반적으로 앞의 '명' 자는 동사로 규정하여 '밝혀 드러내다'로 해석하고, 명덕의 명은 형용사로서 영명한 덕성, 즉 하늘로부터 선천적으로 부여받은 광명한 심령으로 해석한다. 주희는 명덕을 성으로 규정하고, 앞의 '명' 자는 성리에 대한 심의 지각과 실현 작용으로 해석한다. 그러나 명대의 왕수인은 명덕을 심 혹은 양지로 규정하고, 명명덕을 심(양지)의 자각과 자아실현으로 이해한다.

3. 친민親民 : 『고본대학』에는 친민親民으로 되어 있다. 그러나 주희는 '친親' 자와 '신新' 자의 문자 형태가 유사하고, 전문 2장에 '신' 자와 관련된 내용이 주를 이루기 때문에 '친' 자를 '신' 자로 바꾸어 신민으로 해석한다. 친민이라면 '도덕심령의 감응을 통하여 백성을 사랑한다'로 해석해야 한다. 그러나 신민이라면 교육적 의미가 매우 강하게 포함되어야 한다. 신민은 주희의 독창적 주장이 아니라 정이의 견해를 수용한 것이다. '신' 자에는 혁신과 갱신 등 변화의 의미가 있다. 따라서 신민은 '교육을 통하여 백성을 새롭게 교화시킨다'로 해석해야 한다. 전문 2장의 "진실로 어느 날 새로워졌거든 매일매일 새롭게 하고, 또 매일 새롭게 하라(苟日新, 日日新, 又日新)"가 바로 신민의 의미를 가장 극명하게 표현한다.

4. 지어지선止於至善 : '지止'에 관해 대부분의 해설서에서 '그친다' 혹은 '멈춘다'로 번역한다. 필자는 '그친다'는 의미를 취하지 않는다. 왜냐하면 '그침'은 곧 정지와 멈춤 혹은 완결 등의 의미가 강하기 때문이다. '지止' 자는 마땅히 연속성과 동태성의 의미를 상실하지 않는 용어로 번역해야 한다. '도달하다'가 가장 적합하다. 일반적으로 명명덕과 신민 그리고 지어지선을 대학의 삼강령이라고 칭하지만, 주희는 단지 "대학의 강령이다"라고만 언급했을 뿐 삼강령이라고 하지 않았다. 왜냐하면 삼강령이라고 하면 이 세 개의 강령을 서로 독립적인 것으로 생각할 수 있는 위험성이 있기 때문이다. 비록 강령마다 '재在' 자가 개별적으로 놓여 있지만 그것 때문에 이 삼자가 서로 독립적인 강령이라고 생각해서는 안 된다. 명명덕을 배제

한 신민이 과연 존재할 수 있을까? 명명덕과 신민을 전제하지 않은 지어지선은 어떤 내용을 갖는가? 명명덕을 통하여 신민하고, 자신뿐만 아니라 백성들이 새롭게 되었으면 그것이 지어지선이다. 또한 지어지선은 '지극한 선의 경지에서 그침'이 아니다. 지속적인 명명덕과 신민을 통하여 지어지선의 경지를 유지하는 것이다. '지' 자에는 성취와 함께 유지의 의미가 겸비되어 있다. 목표와 이상이 성취되기 이전에는 그것을 달성하려고 노력하고, 목표가 이루어지면 다시 추락하지 않도록 유지 존속할 수 있어야만 '지'라고 할 수 있다. 명명덕과 신민 그리고 지어지선은 유기적 관계에 놓여 있는 본말 혹은 선후 관계로 보아야 한다.

주희 주

정자가 말했다. "'친親' 자는 마땅히 '신新' 자이어야 한다." 대학은 대인의 학문이다. '명明'은 밝힌다는 것이다. 명덕이라는 것은 사람이 하늘에서 부여받은 것으로, 허령하면서도 어둡지 않아 만물의 이치를 갖추고서 모든 일에 응대하는 것이다. 그러나 기품에 구속받고 인욕에 가려지게 되면 (명덕이 드러나지 않아) 때로 어둡게 되기도 한다. 그렇지만 (명덕이라는) 본체의 밝음은 멈춘 적이 없다. 그러므로 배우는 사람들은 (본체가 드러난 것에) 따라서 (본체를) 밝히고 처음의 본래 상태를 회복해야 한다. '신'은 옛 것을 혁신함을 말한 것이다. 이미 스스로 그 명덕을 밝혔으면 또 마땅히 그것을 타인에게 미루어 적용하고, 그 사람으로 하여금 옛날에 물든 더러움을 제거하도록 해야 한다. '지止'라는 것은 반드시 이러한 경지에 이르러 다시는 옮겨갈 수 없다는 뜻이다. 지선은 당연히 해야 할 도리의 지극함이다. 이는 명명덕과 신민을 통하여 지극한 선의 경지에 이르러 다시는 옮겨갈 수 없도록 함을 말한 것이다. 반드시 천리의 지극함을 다하여 터럭만큼의 사사로운 인욕도 없어야 한다. 이 세 가지가 『대학』의 강령이다.

程子曰 : "親, 當作新." 大學者, 大人[1]之學也. 明, 明之也. 明德者, 人之所得乎天, 虛靈不昧[2], 以具衆理而應萬事者也. 但爲氣稟所拘, 人欲所蔽, 則有時而昏. 然其本體之明, 則有未嘗息者. 故學者當因其所發而遂明之, 以復其初也. 新者, 革其舊之謂也. 言既自明其明德, 又當推以及人, 使之亦有以去其舊染之污也. 止者, 必至於是而不遷[3]之意. 至善, 則事理當然之極也. 言明明德, 新民, 皆當止於至善之地而不遷. 蓋必其有以盡夫天理之極, 而無一毫人欲之私也. 此三者, 大學之綱領也.

역자 해설

1. 대인大人 : 유가 철학에서 대인과 군자君子 그리고 성인聖人과 인자仁者는 동일한 인격체를 의미한다. 즉 도덕인격의 완성자이다. 주희가

『대학』을 대인의 학문이라고 규정한 것은 유학幼學·소학小學과 상대적으로 구별하기 위함이다.

2. 허령불매虛靈不昧 : 주희 철학에서 허령불매는 마음(心)의 작용을 지칭한다. 허령은 어떤 사사로운 선입견에 물들지 않으면서 영명한 작용을 갖추고 있다는 것이고, '불매' 역시 마음의 작용이 어둡지 않음을 형용한 것이다. 이곳에서 주희는 명덕을 허령불매로 해설한다. 이것을 근거로 혹자는 명덕을 심으로 규정할 수도 있지만, 주희 철학에서 명덕은 분명 성이지 심이 아니다. 그렇지만 주희의 도덕론에서 심과 성은 서로 분리되어 표현될 수 없기 때문에 명덕에 관한 해설에서 대부분 심과 성을 엄격하게 구분하지 않고 있다.
3. 불천不遷 : '옮겨가지 않는다'로 번역했지만, 실제 의미는 지극한 선의 경지에서 추락하지 않는다는 것이다.

경문

도달해야 할 목표를 올바르게 안 후에야 마음이 방향을 정할 수 있고, 마음이 방향을 정한 후에야 비로소 마음이 고요하여 함부로 발동하지 않을 수 있으며, 마음이 함부로 발동하지 않은 후에야 비로소 편안할 수 있고, 마음이 편안한 후에야 생각과 판단을 정확하고 세밀하게 할 수 있으며, 생각과 판단을 정확하고 세밀하게 한 후에야 사물에 관한 선의 이치를 얻을 수 있다.

知止[1]而后[2]有定[3], 定而后能靜[4], 靜而后能安[5], 安而后能慮[6], 慮而后能得[7].

역자 해설

1. 지지知止 : 인생의 목표인 지극한 선의 경지를 안다.
2. 후后 : 후後와 동일한 문자이다.
3. 정定 : 마음이 결정한 방향.
4. 정靜 : 고요함이다. 마음이 고요하다는 것은 아무런 생각을 하지 않는, 즉 희로애락의 미발未發 상태를 가리키는 것이 아니라 선입견과 편견 그리고 인욕으로 말미암아 혼란스럽지 않은 마음의 상태를 의미한다.
5. 안安 : 어떤 상황에서도 도리에 따라서 행동하며 안분수기安分守己한다. 분수에 맞지 않은 일을 도모하지 않기 때문에 현재의 지위에서 편안하게 지낼 수 있는 것이다.
6. 려慮 : 생각과 판단이 정확하고 세밀하다.
7. 득得 : 사사물물에 관한 지극한 선의 도리를 성취한다.

주희 주

'지止'라는 것은 마땅히 이르러야 할 곳으로, 지극한 선이 있는 곳이다. 그러한 경지를 안다면 의지는 올바른 방향을 결정할 수 있다. '정靜'은 마음이 함부로 망동하지 않음을 말한 것이다. '안安'은 자신이 처한 곳에서 안거安居함을 말한 것이다. '려慮'는 일을 처리함에 있어 정밀하고 상세하게 함을 말한 것이다. '득得'은 마땅히 이르러야 할 곳을 얻음을 말한 것이다.

止者, 所當止之地, 卽至善之所在也. 知之則志有定向. 靜, 謂心不妄動. 安, 謂所處而安. 慮, 謂處事精詳. 得, 謂得其所止.

경문

모든 사물에는 근본과 끝이 있고, 일과 사건에는 시작과 마침이 있으니 먼저 해야 할 것과 뒤에 해야 할 것을 정확하게 알면 도에 가까울 것이다.

物[1]有本[2]末, 事[3]有終始, 知所先後, 則近道矣.

역자 해설

1. 물物 : 일반적으로 '물'은 유형적인 물건을 가리키지만 유가 철학에서는 물건과 함께 행위의 일(事) 그리고 사건까지 포함시켜 사용한다. 이곳에서는 비록 '물'과 '사'를 구분하여 말하고 있지만 이는 본말과 종시를 나누어 말하고 있기 때문에 '물'과 '사'로 구분한 것에 불과하다.
2. 본本 : 주희는 명덕을 근본이라고 했지만, 마땅히 명명덕을 근본이라고 해야 한다. 밝은 덕성을 밝혀 자신을 완성하는 것이 근본이고, 그것을 미루어 타인의 인품을 교화시키는 신민이 끝이다. 명명덕은 반드시 신민으로 확장되어야 하고, 신민은 반드시 명명덕을 근본으로 삼아야 한다.
3. 사事 : 주희에 의하면 '사'는 '도달해야할 목표를 올바르게 안다'에서 '지극한 선의 이치를 얻는다'까지의 전 과정을 포함한다. '도달해야 할 목표를 안다'는 것이 일의 시작이고, '지극한 선의 이치를 얻는다'는 것이 일의 마침이다.

주희 주

밝은 덕성이 근본이고, 백성을 교화하여 새롭게 하는 것은 끝이다. 도달해야할 목표를 올바르게 아는 것이 시작이고, 지극한 선의 이치를 얻은 것은 마침이다. 근본과 시작은 먼저 해야 할 것이고, 끝과 마침은 뒤에 해야 할 것이다. 이는 위 두 절의 뜻에 대한 결론이다.

明德爲本, 新民爲末. 知止爲始, 能得爲終. 本始所先, 末終所後. 此結上文兩節之意.

경문

옛날에 밝은 덕성을 천하에 밝혀 드러내고자 하는 사람은 먼저 자신의 나라를 잘 다스려야 하고, 자신의 나라를 잘 다스리고자 하는 사람은 먼저 집안(王室)을 가지런히 해야 하며, 집안을 가지런히 하고자 하는 사람은 먼저 자신의 몸을 잘 수양해야 하고, 자신의 몸을 잘 수양하고자 하는 사람은 먼저 자신의 마음 상태를 올바르게 간직해야 하며, 자신의 마음 상태를 올바르게 간직하고자 하는 사람은 먼저 자신의 생각을 진실하게 해야 하고, 자신의 생각을 진실하게 하고자 하는 사람은 먼저 그 마음의 지식과 지각 작용을 지극한 곳까지 확충해야 하는데, 그 마음의 지식과 지각 작용을 지극한 곳까지 확충하려면 반드시 사물의 이치를 궁구해야 한다.

古之欲明明德於天下者[1], 先治其國[2]. 欲治其國者, 先齊其家[3]. 欲齊其家者, 先脩其身[4]. 欲脩其身者, 先正其心[5]. 欲正其心者, 先誠其意[6]. 欲誠其意者, 先致其知[7]. 致知在格物[8].

역자 해설

1. 고지욕명명덕어천하자古之欲明明德於天下者 : 이 구절에는 몇 가지 의미가 내재되어 있다. 첫째, '고古' 자를 첨가한 이유이다. '고' 자는 단순한 '옛날'이 아니라 '옛날의 이상적인 군주', 즉 성왕과 명군을 가리킨다. 다시 말하면 8개의 조목은 『대학』을 저술한 저자의 주관적인 설정이 아니라 옛날 성왕과 명군들의 실제적인 도덕교화의 수련과 행적을 근거로 한 것임을 표현한 것이다. 둘째, '명명덕어천하자明明德於天下者' 앞에 '욕欲' 자를 첨가한 것은 '명명덕어천하자'가 옛날 성왕과 명군들의 지향이었음을 나타낸다. 셋째, '명명덕'으로 시작한 것은 천하를 다스림에 있어 비록 형정과 법제는 필수불가결한 요소이지만 그것만으로 천하를 경영해서는 안 되고, 반드시 군주가 먼저 자신의 명덕을 천하에 밝혀 나가면서 천하 사람들로 하여금 스스로 자신의 명덕을 밝혀야 하는 까닭을 자각시켜 주면서 각자의 도덕인격을 완성할 수 있도록 해야 함을 강조한 것이다. 이것이 바로 명명덕과 신민의 과정을 통하여 이룩한 진정한 평천하이다.
2. 치국治國 : 평천하의 주체가 천자라면, 치국의 주체는 제후이다. 주周 무왕은 본래 제후였지만 자신의 백성뿐만 아니라 천하 만민의 지지를 받아 왕(천자)이 되었다. 즉 치국을 온전하게 했기 때문에 평천하의 주체로 승격할 수 있었던 것이다.
3. 제가齊家 : '집안을 가지런히 한다'로 번역하지만, 이곳에서 '가家'는 왕실의 가족을 지칭하고, '제齊'는 화목함을 의미한다.
4. 수신修身 : '자신의 몸을 도덕적 인격체로 수양한다'는 의미이다. 『대

학』에서 수신의 지위는 상당히 중요하다. 치지격물과 성의 및 정심의 결과가 바로 수신이다. 앞의 단계가 완성되면 자연스럽게 수신이 된다. 다음 제가와 치국 및 평천하는 수신의 확장이다. 따라서 수신 이전은 내적인 것으로, 명명덕이 이에 해당하고, 수신 이후는 신민의 다양한 확장이라고 할 수 있다.

5. 정심正心 : 심은 마음이지만, 주희에 의하면 도리를 지각할 수 있고, 도리에 관한 지식을 성취할 수 있는 주체이다. '정'은 형용사가 아니라 동사이다. '정심'은 마음으로 하여금 물욕에 물들지 않게 하여 영원히 영명한 지각작용을 상실하지 않게 하고, 주재자의 위치를 확보하게 하는 것이다. 주희의 도덕론에서 거경居敬이 바로 정심의 수양 공부이다.

6. 성의誠意 : '성誠' 역시 동사이다. 모든 행위의 시작은 마음의 발동인 의지에서 비롯된다. 의지에 약간의 불순한 동기가 섞여 있으면 행위는 선을 지향할 수 없다. 따라서 의지를 진실무망眞實無妄 혹은 순일무잡純一無雜하게 해야 한다. 이것이 바로 성의이다.

7. 치지致知 : 주희는 '지知'를 지식이라고 했지만, 정확하게 말하면 지각능력과 지식 두 가지를 모두 포함한다. 즉 지각 작용인 심을 확충하여 도리에 관한 지식을 습득하고, 다시 이미 습득한 지식을 근거로 더욱 확장하여 도리에 관하여 모르는 것이 없는 경지에 이르러야 한다.

8. 격물格物 : 주희 철학에서 '격'은 최소한 세 가지 의미로 사용된다. 하나는 '접촉하다'의 접接이고, 다른 하나는 점진적인 확충(積習과 積累)이며, 마지막은 지선의 도리를 완전하게 파악한 지지知至이다.

주희 주

밝은 덕성을 천하에 밝혀 드러낸다는 것은 천하 사람들로 하여금 모두 자신의 밝은 덕성을 밝혀 드러냄이 있게 하는 것이다. 마음은 몸의 주재자이다. '성誠'은 진실함이다. '의意'는 마음이 발동한 것이다. 그 마음이 발동한 것을 진실하게 하여 반드시 스스로 만족하고 자기를 속임이 없게 해야 한다. '치致'는 지극한 곳까지 확충한다는 것이다. '지知'는 지식과 같다. 나의 지식을 지극한 곳까지 확충하여 자신의 앎에 다하지 않음이 없게 해야 한다. '격格'은 '이르다'는 것이다. '물物'은 '일(事)'과 같은 것이다. 사물의 도리를 끝까지 궁구하여 이르지 않은 곳이 없게 해야 한다. 이 여덟 가지는 『대학』의 조목이다.

明明德於天下者, 使天下之人皆有以明其明德也. 心者, 身之所主也. 誠, 實也. 意者, 心之所發也. 實其心之所發, 欲其必自慊而無自欺也. 致, 推極也. 知, 猶識也. 推極吾之知識, 欲其所知無不盡也. 格, 至也. 物, 猶事也. 窮至事物之理, 欲其極處無不到也. 此八者, 大學之條目[1]也.

역자 해설

1. 조목條目 : 주희는 "이 여덟 가지는 대학의 조목이다(此八者, 大學之條目也)"라고만 했을 뿐 결코 팔조목八條目이라고 명명하지 않았다. 후에 유학자들은 삼강령과 팔조목으로서 『대학』의 내용을 개괄하는데 이는 좋은 표현이 아니다.

경문

사물의 이치를 완전하게 궁구한 후에 도리에 대한 마음의 지식이 지극해지고, 마음의 지식이 지극한 후에 생각이 진실해지며, 생각이 진실한 후에 마음이 바르게 되고, 마음이 바르게 된 후에 몸이 온전하게 수양되며, 몸이 온전하게 수양된 후에 집안이 가지런하게 되고, 집안이 가지런해진 후에 국가가 다스려지며, 국가가 올바르게 다스려진 후에 천하를 평정할 수 있다.

物格[1]而后知至[2], 知至而后意誠, 意誠而后心正, 心正而后身修, 身修而后家齊, 家齊而后國治, 國治而后平天下.

역자 해설

1. 물격物格 : 이때 '격' 자는 '접촉하다' 혹은 '점진적으로 확충하다'의 의미가 아니라 사물의 도리를 완전하게 인식했다는 의미의 '격'이다. 즉 완료로서의 격이다.
2. 지지知至 : 도리에 대한 마음의 앎이 완전한 경지에 이르다. 주희에 의하면 활연관통豁然貫通이 바로 앎의 지극함이다.

주희 주

'물격物格'은 사물의 이치에 대해 (마음의 지식이) 지극한 곳까지 이르지 않음이 없다는 것이다. '지지知至'는 내 마음의 지식이 극진하지 않음이 없다는 것이다. 지식이 이미 극진함에 이르렀으면 생각이 진실해질 수 있고, 생각이 이미 진실해졌으면 마음이 올바르게 될 수 있다. '수신' 이상은 밝은 덕성을 밝히는 것에 관한 일이고, '제가' 이하는 백성들을 교화하여 새롭게 한다는 것에 관한 일이다. '물격'과 '지지'는 도달해야 할 목표를 아는 것이고, '의성意誠' 이하는 도달해야 할 목표를 얻는 순서이다.

物格者, 物理之極處無不到也. 知至者, 吾心之所知無不盡也. 知旣盡, 則意可得而實矣, 意旣實, 則心可得而正矣. 修身以上, 明明德之事也. 齊家以下, 新民之事也. 物格知至, 則知所止矣. 意誠[1]以下, 則皆得所止之序[2]也.

역자 해설

1. 지지知至와 의성意誠 : 주희의 지행론에 의하면, 앎이 실천에 앞선다. 즉 선지후행先知後行이다. '지지'는 앎이고, 실천(行)은 생각(의지)의 진실함, 즉 성의에서부터 시작된다. 따라서 실천이 자연스럽게 이루어지려면 도리에 대한 마음의 지식이 온전해야 한다.
2. 조목의 순서 : 격물에서부터 평천하까지의 조목 순서는 여러 의미로 분류할 수 있다. 첫째, 시간적 선후이다. 둘째, 인과 관계이다. 즉 앞 조목이 원인이고, 뒤 조목이 결과이다. 셋째, 일종의 조건 관계이다. 앞의 조목이 뒤 조목의 선결 조건이다. 조목의 순서는 조건 관계의 선후로 이해해야 한다. 격물이 치지의 선결조건이고, 치국이 평천하의 선결조건이다.

경문

천자에서부터 일반 백성들에 이르기까지 똑같이 모두 자신의 몸을 수양하는 것을 근본으로 삼는다. 그 근본이 어지럽게 되고서 끝이 다스려지는 경우는 없다. 두텁게 해야 할 것을 엷게 하고, 엷게 해야 할 것을 두텁게 해야 하는 도리는 없다.

自天子以至於庶人[1], 壹[2]是皆以脩身爲本. 其本亂而末治者否[3]矣. 其所厚者薄, 而其所薄者厚, 未之有[4]也.

역자 해설

1. 서인庶人 : 일반백성이다.
2. 일壹 : 일一과 같다. 일시壹是는 '똑같이' 혹은 '모두'의 의미이다.
3. 기본란이말치지자부其本亂而末治者否 : 본말과 선후 그리고 종시終始의 관계를 강조한 것이다. 일반적으로 본말 혹은 선후에서는 중점이 본과 선에 있지만 종시에서는 중점이 시작에 있지 않고 마침에 있다. 그러나 『대학』에서는 본과 시에 중점을 두고 있다. 이곳에서 근본과 두텁다는 것은 앞에서 말한 시始와 선先이다. 수신이 이에 해당한다. '끝(末)'과 '옅다(薄)'는 것은 종終과 후後이다. 제가·치국·평천하가 이에 해당한다.
4. 미지유未之有 : '없다'의 무無와 같은 의미이지만, '무' 자보다는 그 의미가 완곡하다. 즉 '지금까지의 경험으로는 없었다'는 의미이다.

주희 주

'일시壹是'는 모두의 의미이다. 정심 이상은 모두 몸을 올바르게 수양하는 것이다. 제가齊家 이하는 그것을 들어서 베풀어 가는 것일 뿐이다. 근본은 몸을 말한 것이다. 두텁게 해야 할 것은 집안을 말한 것이다. 이 두 절은 위 두 절의 결론이다.

壹是, 一切也. 正心以上, 皆所以修身[1]也. 齊家以下, 則擧此而措之耳[2]. 本, 謂身也. 所厚, 謂家也. 此兩節結上文兩節之意.

역자 해설

1. 수신修身 :『대학』과 주희는 수신을 근본으로 삼는다. 수신 이전의 조건은 모두 도덕과 관련된 수련 조목이다. 또 수신이 제가와 치국 및 평천하의 근본이다. 이는 곧『대학』과 주희가 정치를 도덕사업의 확장으로 인식하고 있음을 나타낸다. 또 군주가 밝은 덕성을 천하에 밝혀 드러내는 목적이 천하 사람들로 하여금 스스로 수신해야 할 까닭을 자각하게 하여 자신의 인격을 도덕적으로 수립하게 한다는 것에서도 분명하게 드러난다. 정치를 도덕정치로 규정하고, 세계를 도덕적인 세계로 만들려고 한다. 이것이 바로 유학의 정치관이고 세계관이다.
2. 제가이하齊家以下, 즉거차이조지이則擧此而措之耳 : 치국과 평천하는 제가의 원칙과 방법을 확장하는 것에 불과하다.

주희 주

오른쪽[1]은 경문 1장인데, 공자의 말이고, 증자가 그것을 찬술했다. 전문 10장은 증자의 뜻을 문인들이 기록한 것이다. 구본 (『예기』의 고본대학)에는 잘못 배열된 곳이 있기 때문에 지금 정자가 정한 것에 따르고 다시 경문에 상고하여 별도로 차례 만들기를 왼쪽과 같이 했다. 모든 전문은 여러 경전을 섞어 인용했기 때문

1 원전이 세로쓰기로 우에서 좌로 쓰여져 있어 주희는 '우'라고 했다.

에 맥락이 없는 것처럼 보인다. 그러나 문리가 이어지고 혈맥이 관통하여 깊고 얕음 그리고 시작과 마침이 지극이 정밀하니 익숙할 때까지 읽고 상세하게 그 맛을 음미하다가 오래되면 그 의미가 마땅히 보여지게 될 것이다. 그러므로 더 이상 해석하지 않는다.

右經一章, 蓋孔子之言, 而曾子述之. 其傳十章, 則曾子之意而門人記之也. 舊本頗有錯簡, 今因程子所定, 而更考經文, 別爲序次如左. 凡傳文, 雜引經傳, 若無統紀. 然文理接續, 血脈貫通, 深淺始終, 至爲精密, 熟讀詳味, 久當見之. 今不盡釋也.

역자 해설

이상 1장은 『대학』이라는 서책의 강령에 해당한다. 이후 전문 10장은 경문의 의미를 다양한 경전의 구절을 인용하여 구체적으로 발휘한 것에 불과하다. 주희는 경문의 내용은 성인이 아니고서는 할 수 없는 말이기 때문에 틀림없이 공자의 말이라고 생각했다. 때문에 이 장을 경經이라고 칭하고 이하 각 장을 전傳이라고 명명했다.

제3-1장

『대학』 전문 1장 명명덕明明德

❋ 전문1 명명덕 ❋

「강고」에서는 "덕성을 잘 밝혀 드러낼 수 있다"고 했다.

康誥[1]曰: "克明德[2]."

역자 해설

1. 「강고康誥」: 『서경』「주서周書」에 있는 편명이다. 무왕이 상(商一殷) 왕조를 몰락시키고 주왕조를 건국했다. 무왕이 죽고 어린 성왕이 등극하자 주공周公이 섭정하자 이에 불만을 품은 상왕조 후예인 무경武庚 그리고 주공의 동생인 관숙管叔과 채숙蔡叔이 연합하여 난을 일으켰는데, 이를 '삼감三監의 난'이라고 한다. 주공이 삼감의 난을 평정한 후에 동생인 강숙康叔을 위후衛侯로 봉하고서 상의 유민을 통치하게 했다. 동시에 「강고」를 지어 강숙에게 근면할 것을 훈계했다.

2. 극명덕克明德 : '극'은 '할 수 있다'는 능能이고, 명明은 '밝힌다'로서 명명덕에서의 앞의 '명' 자와 같다. 덕德은 덕성으로, 명명덕에서의 '명덕'에 해당한다. 다음은 「강고」의 원문이다.

> 너의 찬란한 (업적을 발휘한) 부친 문왕(강숙은 문왕의 아들이고, 무왕의 동생이다)은 (자신의) 덕성을 잘 밝혀 드러내 (백성들을 잘 다스렸고) 형벌을 함부로 사용하지 않고 조심스럽게 집행하였으며, 감히 외로운 사람을 속이거나 괴롭히지 않았고, 스스로 부지런하고 경건하며, 조심하고, 하늘의 위엄을 두려워하면서 백성들로 하여금 광명한 경지에 이르도록 도와주었다.[1]

「강고」에서는 "(자신의) 덕성을 잘 밝혀 드러내 (백성들을 잘 다스렸으며), 형벌을 함부로 사용하지 않고 조심스럽게 집행했다"는 점을 강조한다. 이것이 「강고」의 핵심이다. 그런데 『대학』에서는 '극명덕'만을 인용했다.

---

1 "惟乃丕顯考文王, 克明德愼罰, 不敢侮鰥寡, 庸庸, 祗祗, 威威, 顯民."

주희 주

「강고」는 『서경』「주서」의 편명이다. '극克'은 '할 수 있다'는 뜻이다.

「康誥」,「周書」. 克, 能也.

전문1 명명덕

「태갑」에서는 "하늘이 (나에게 부여해준) 밝은 명을 주의하여 살펴본다"고 했다.

「大甲」[1]曰 : "顧[2]諟[3]天之明命[4]."

역자 해설

1. 태갑大甲 : 대大 자로 쓰여 있지만, 태로 읽어야 한다. 태갑大甲은 두 가지를 지칭한다. 하나는 사람의 이름(人名)이고, 다른 하나는 『서경』의 편명이다. 태갑은 상왕조를 건국한 탕왕湯王의 손자로서 제3대 왕인 태종太宗의 이름이다. 탕왕의 손자이고, 태정太丁의 아들이다. 중임仲壬을 이어서 왕의 지위에 올랐지만 왕이 된 후에 법을 어

기고 방탕한 생활을 지속하자 이윤伊尹이 그를 동궁桐宮에 연금시켰다. 3년 뒤에 태갑이 잘못을 뉘우치고 회개하자 다시 왕에 복위시켰다(일설에 의하면 이윤이 태갑을 내쫓고서 자신이 스스로 왕이 되었는데, 태갑이 7년 뒤에 몰래 들어와 이윤을 죽이고 재차 등극했다고도 한다.). 복위한 후에 정치에 힘을 쓰자 많은 제후들이 상나라로 귀의했고, 민생도 안정을 되찾았다고 한다. 이때 이윤이 태갑에게 세 편의 문장(『書經』『商書』의 「태갑 상·중·하」)을 지어 주면서 근면하고 근신할 것을 훈계했다. 이 세 편의 문장도 『태갑』이라고 한다. 이곳에서 『태갑』은 인명이 아니라 편명이다. 그러나 현전하는 『태갑』은 위서僞書가 분명하다. 원래의 『태갑』은 유실되었기 때문이다.

2. 고顧 : '고'는 '무엇을 주시하다'는 의미이다.
3. 시諟 : '시'에 관한 설은 많다. 공안국孔安國은 '이것'이라는 의미의 '차此' 혹은 '시是'로 해석한다. 정현鄭玄은 사악하거나 편벽되지 않은 올바름(正)으로 해석한다. 『설문해자』에서는 이치 혹은 도리로 해석한다. 주희는 『대학장구』에서 '이것(此)'과 '살피다(審)'의 두 가지 해석을 제시했지만 무엇이 정론인가에 대해서는 언급하지 않고 있다. 그러나 『주자어류』「권16」에서 "고시는 이것을 본다는 것이다(顧諟是看此也)"라고 한다. 그렇다면 주희는 '시'를 '차此'로 해석했음을 알 수 있다. 필자는 주희의 해석을 따른다.
4. 천지명명天之明命 : 경문에서는 명덕이라고 했는데 이곳에서는 명명明命이라고 했다. 필자는 명덕과 명명의 실질적 의미는 서로 같은 것이라고 생각한다. 그러나 이곳에서는 "하늘의 밝은 명(天之明命)"이라

고 한다. 앞의 명명덕에서는 하늘(天)이라는 구체적 표현이 없다. 단지 해석에서 하늘이 나에게 부여한 밝은 덕성이라고 할 수 있지만 하늘을 가리키는 문자적 표현은 없다. 따라서 명명과 명덕의 미묘한 차이를 구별한다면, 명덕의 주체는 바로 자신이고, 자신이 명덕의 근원임을 나타낸 것이라면, 명명은 동일한 덕성이지만 그것의 근원이 자신이 아니라 하늘이라는 점이 명덕과 다르다. 물론 실천의 주체는 명명과 명덕 모두 나 자신이다.

주희 주

「태갑」은 『서경』「상서」의 편명이다. '고顧'는 눈이 항상 그곳에 있음을 말한 것이다. '시諟'는 '이것'의 의미인 '차此'라고도 할 수 있고, 혹 '살피다'의 의미인 '심審'이라고도 할 수 있다. 하늘의 밝은 명은 하늘이 나에게 부여하여 내가 그것을 (나의) 덕으로 삼은 것이다. 나의 눈이 항상 이곳에 있으면 언제라도 밝지 않음이 없을 것이다.

「大甲」, 商書. 顧, 謂常目在之也. 諟, 猶此也, 或曰審也. 天之明命, 卽天之所以與我, 而我之所以爲德者也. 常目在之, 則無時不明矣.

❃ 전문1 명명덕 ❃

「요전」에서는 "빼어난 덕성을 잘 밝힐 수 있다"고 했다.

「帝典」[1]曰: "克明峻德[2]."

역자 해설

1. 「제전帝典」: 제帝는 요임금을 가리킨다. 「제전」은 곧 「요전堯典」이고, 「우서虞書」의 편명이다.
2. 극명준덕克明峻德: '극'은 '할 수 있다'의 능能이고, '명'은 밝힌다는 것이며, '준'은 크다(大) 혹은 높다(高)의 의미이다. 『서경』의 '준' 자에 대해서 다양한 해석이 있지만, 『대학』에서는 『서경』의 이 구절을 인용하여 요임금의 덕이 매우 크고 높음을 표현했다.

주희 주

「제전」은 「요전」이고, 「우서」의 편명이다. '준峻'은 '크다'는 의미이다.

「帝典」, 「堯典」, 「虞書」. 峻, 大也.

❈ 전문1 명명덕 ❈

이는 모두 자기 스스로 밝히는 것이다.

皆自明[1]也.

역자 해설

1. 자명自明 : 본래부터 갖추고 있는 찬란한 덕성을 스스로의 자각을 통하여 능동적으로 실현한다.

주희 주

(이는) 위에서 인용한 모든 경전 글에 대한 결론으로 모두 스스로 자기의 덕성을 밝힌다는 뜻을 말하고 있다.

結所引書, 皆言自明己德之意.

오른쪽의 글은 전문 첫 장으로서 명명덕을 해석한 것이다. 이로부터 아래 세 장의 '지어신止於信'까지 구본(『고본대학』)에는 '몰세불망沒世不忘' 아래에 잘못 놓여 있었다.

右傳之首章, 釋明明德. 此通下三章至'止於信', 舊本誤在'沒世不忘'之下.

역자 해설

주희는 이상의 내용이 강령 중에서 명명덕의 의미를 해설한 것이라고 판단했기 때문에 이를 전문 제 1장으로 정했다.

제3-2장

『대학』 전문 2장 신민新民

전문2 신민

탕왕이 반명에 "어느 날 진실로 새로워졌거든 매일매일 새롭게 하고, 또 매일 새롭게 하라"고 했다.

湯[1]之盤[2]銘[3]曰 : "苟[4]日新[5], 日日新, 又日新."

역자 해설

1. 탕湯 : 상(은)왕조를 개국한 군주인 성탕成湯이다. 하夏왕조의 마지막 군주인 걸桀이 황음무도荒淫無道하자 탕이 걸을 정벌하여 남소南巢로 추방했다. 국호를 상商이라고 정했고, 30년 동안 재위했다.
2. 반盤 : '반'은 물건을 담는 그릇이다. '반'이 무엇을 담고 또 어떤 용도로 사용되었는지에 대해서는 여러 설이 있다. 첫째, 머리를 감거나 목욕을 하는 그릇이다. 대표자는 공영달이고, 주희는 이 주장을 따

른다. 둘째, 음식물을 담는 그릇이다. 셋째, 목욕을 하는 용기가 아니라 단지 손과 발을 씻는 그릇이다. 필자는 셋째 주장이 가장 유력하다고 생각한다. 왜냐하면 "진실로 어느 날 새로워졌거든 매일매일 새롭게 하고 또 매일 새롭게 하라"는 구절을 보면 '일신日新', 즉 매일 새롭게 해야 함을 강조한다. 손과 발은 매일매일 씻지만 고대에 매일 머리를 감거나 목욕을 하는 것은 쉽지 않은 일이다. 청 초의 학자인 염약거閻若璩는 『사서석지우독四書釋地又讀』에서 다음과 같이 말했다.

> 고대에는 5일에 한 번 목욕하고, 3일에 한 번 머리를 감으며, 심할 경우에는 3일과 5일의 주기를 넘기기도 한다. 따라서 발을 씻고 양치질하는 것처럼 매일 아침 일어나서 반드시 해야 하는 것이 아니다. 이것과 명銘은 부합하지 않는다.[1]

3. 명銘 : '반'에 새긴 글이다. 동銅으로 만든 세숫대야에 "苟日新, 日日新, 又日新"이라는 글을 새겨놓고서 스스로 매일매일 자신을 반성하면서 경계한다. 고대에는 탕왕뿐만 아니라 많은 사람들이 동이나 돌로 만든 그릇에 글을 새겨놓고 어떤 일을 기념하기도 하고, 덕을 칭송하기도 했으며, 자신이나 후손들에게 근면할 것을 훈계하기도 했

1 "古者五日一浴, 三日一沐, 甚或過三日五日之期. 非同盥漱爲每日晨興所必須. 此與銘不合."

다. 이것이 바로 '명'이다. 나중에 명문銘文은 문체의 일종으로 성립되었다.

4. 구苟 : '진실하다(誠)'의 의미로서 '참으로'로 해석하면 자연스럽다.
5. 일신日新 : 주희가 강령 중의 친민을 신민으로 바꾼 문헌적 근거가 바로 '일신日新'과 '일일신日日新' 및 '우일신又日新'이다. 이곳에서 '새롭게 해야 할'의 대상은 손과 발, 즉 신체이지만 실제로는 마음의 덕을 가리킨다. 즉 신체로써 마음의 덕을 비유하여 매일 새롭게 정진할 것을 강조한 것이다. 손과 발 그리고 얼굴을 포함하여 사람의 신체는 본래 깨끗하지만 수시로 때가 끼기 때문에 항상 물로 씻어야만 청결한 상태를 유지할 수 있다. 인간의 마음과 덕성도 마찬가지이다. 하늘로부터 부여받은 본성은 항상 영명하고, 마음 역시 비록 처음의 상태는 담연湛然하지만 거울에 때가 끼고 물이 흔들릴 수 있는 것처럼 마음 역시 물욕에 가려져 오염될 수 있다. 때문에 매일매일 스스로 자성하여 구습舊習을 버리고, 선한 마음을 간직하고 배양해야만 그 광명함을 유지할 수 있다. 이러한 수양공부는 하루도 단절이 없어야 한다. 때문에 "苟日新, 日日新, 又日新"이라고 한 것이다. 또 왜 군주인 탕의 반명을 구체적 증거로 내세웠는가? 그것은 바로 윗자리에 있는 통치자의 모범을 강조하여 덕화정치의 전범典範을 보이기 위함이다. 군주가 매일매일 새로워져야만 백성들 역시 군주처럼 반성하면서 자신을 매일매일 새롭게 변화시켜나갈 것이다.

주희 주

'반盤'은 목욕하는 그릇이다. '명銘'은 그 그릇에 문자를 새겨 놓고서 스스로 자신을 경계하는 말이다. 구苟는 '진실로(참으로)'의 뜻이다. 탕왕은 사람들이 마음을 깨끗이 씻어 악을 제거하는 것은 마치 그 몸을 목욕하여 때를 제거하는 것과 같다고 생각했다. 그렇기 때문에 그릇에 글을 새겨 넣은 것이다. 진실로 어느 날 옛날에 물든 더러움을 씻어내어 스스로 새로워질 수 있으면, 그 새로워진 것을 근거로 매일매일 새롭게 하고, 또 새롭게 하여 조금이라도 끊어짐이 있게 해서는 안 된다.

盤, 沐浴之盤也. 銘, 名其器以自警之辭也. 苟, 誠也. 湯以人之洗濯其心以去惡, 如沐浴其身以去垢. 故銘其盤, 言誠能一日有以滌其舊染之汚而自新, 則當因其已新者, 而日日新之, 又日新之, 不可略有間斷也.

❈ 전문2 신민 ❈

「강고」에서는 "새로워지려는 백성을 진작하라"고 했다.

康誥曰: "作[1]新民[2]."

역자 해설

1. 작作 : 진작하다 혹은 고무하다의 의미이다.
2. 신민新民 : 신민은 스스로 새롭게 하려는 백성을 의미한다. 「강고」의 원문은 다음과 같다.

> 이 젊은 청년아! 너의 직책은 왕조를 지키고 은나라 유민을 보호하는 것이다. 천자를 도와 천명을 살피고 은나라 유민이 새로운 백성이 되도록 진작시키는 것이다.[2]

주공이 삼감의 난을 평정한 후에 동생인 강숙에게 은(상)의 유민이 새로운 백성이 될 수 있도록 그들을 진작시키고 도와주도록 훈계했다. 『대학』에서는 「강고」의 내용을 순수한 도덕적 교화의 의미로 수용했지만 『서경』「강고」의 실질 내용은 은의 유민이 주왕조의 통치에 순응할 수 있도록 그들을 잘 교화시켜야 한다는 것이다.

주희 주

북치고 춤추는 것을 '작作'이라고 한다. 이는 스스로 새로워지려는 백성들을 진작시켜야 함을 말한 것이다.

鼓之舞之之謂作, 言振起其自新之民也.

2 "汝惟小子, 乃服惟弘王, 應保殷民, 亦惟助王宅天命, 作新民."

전문2 신민

『시경』에서는 "주나라가 비록 오랜 제후의 나라이지만 그 명은 새롭다"라고 했다.

『詩』[1]曰 : "周[2]雖舊邦, 其命惟[3]新."

역자 해설

1. 시詩 : 『시경』「대아大雅·문왕文王」편을 가리킨다. 이곳에서는 문왕의 찬란한 덕업을 노래로써 칭송하고 있다.
2. 주周 : 주왕조의 시조는 후직(后稷—棄)이고, 13대 고공단보(古公亶父—太王) 때에 기산(岐山—陝西省中部)으로 옮겨 정착하면서 국호를 주周라 했다. 당시 황하 하류에는 상왕조가 틀을 잡고 번성했고, 주족周族은 그 서쪽 변두리 제후의 하나였다. 태왕의 손자 문왕(文王—昌) 시기에 이르러 태공망(太公望—呂尙) 등의 보좌로 서쪽의 패자(西伯)가 되었다. 문왕의 아들 무왕(武王—發) 시기에 다른 제후들의 지지를 받아 민심을 잃은 상의 주왕紂王을 토벌하여 주왕조를 창시했다. "주나라가 비록 오랜 제후의 나라이다(周雖舊邦)"이라는 말은 주나라가 후직으로부터 문왕까지 이미 천년의 세월이 흘렀다는 것을 의미한다. "그 명은 새롭다(其命惟新)"는 것은 문왕이 덕성 실천을 통하여 자신을 나날이 새롭게 했고, 백성들 역시 문왕을 본받아

스스로 덕성을 새롭게 했기 때문에 주왕조의 명命은 새로운 것이다.

3. 유惟 : 판본에 따라 '유惟' 자 혹은 '유維' 자로 되어 있다. 「문왕」 편에도 '維' 자로 되어 있다. 그러나 어조사로 사용되는 경우는 대부분 '惟' 자를 쓴다. 또 「문왕」 편에는 『대학』의 기술처럼 문왕이 자신의 덕을 새롭게 하여 백성들로 하여금 자신들의 덕성을 매일매일 새롭게 했다는 내용은 없다.

주희 주

『시』는 「대아·문왕」편이다. 주나라가 비록 오래된 나라이지만 문왕의 시기에 이르러 그 덕을 새롭게 하고 다시 백성에게까지 (그 덕을) 이르게 하였기 때문에 비로소 천명을 받았다는 것을 말하고 있다.

『詩』, 大雅文王之篇. 言周國雖舊, 至於文王, 能新其德以及於民, 而始受天命也.

❈ 전문2 신민 ❈

그렇기 때문에 군자는 그 지극함을 쓰지 않는 바가 없다.

是故君子[1]無所不用其極[2].

역자 해설

1. 군자君子 : 군자와 소인小人의 명칭은 어떤 경우에도 상대적으로 사용된다. 그러나 그 의미는 서로 다르게 사용되기도 한다. 공자 이전에는 관직의 지위에 있거나 귀족 등의 계급에 대해서는 군자라는 호칭을 사용했고, 상대적으로 평민 혹은 관직이 없는 사람에 대해서는 소인이라 칭했다. 그러나 공자부터 군자와 소인은 신분의 차이에 의해 결정되는 것이 아니라 덕성의 유무有無 혹은 고저高低에 의해 결정되었다. 도덕적 인품을 갖춘 사람을 군자라고, 덕성을 온전하게 갖추지 못한 사람들을 소인이라고 칭했다. 따라서 소인과 악인 역시 마땅히 구별해야 한다.
2. 극極 : '지극한 선의 경지'를 말한다. 따라서 "그 지극함을 쓰지 않는 바가 없다"는 말은 명덕을 밝혀 드러내고 백성을 새롭게 하는 일에 진심진력하여 백성들로 하여금 지극한 선의 경지에 이르도록 해야 함을 의미한다.

주희 주

스스로 새롭게 하는 것과 새로워지려는 백성들을 모두 지극한 선의 경지에 이르게 하고자 함이다.

自新新民, 皆欲止於至善也.

오른쪽은 전문 2장이다. 신민을 해석한 것이다.

右, 傳之二章. 釋新民.

제3-3장

『대학』 전문 3장 지어지선止於至善

❈ 전문3 지어지선 ❈

『시경』(「상송·현조」)[1] 편에서 말했다. "나라에서 천자가 거처하는 천리의 땅은 백성들이 살기에 좋은 곳이다."

『詩』云: "邦畿[2]千里, 惟民所止[3]."

역자 해설

1. 「상송商頌·현조玄鳥」: '상'은 은왕조를 가리킨다. '송頌'은 종묘에서 제사를 올릴 때 천자나 제후의 공덕을 찬양하는 시이다. 「현조」 편은 상왕조 선왕先王들이 천명을 받아 천하를 얻었음을 칭송하면서 아울러 그들의 공덕을 기리는 시이다.
2. 기畿: 고대 천자가 거처하는 주변의 땅을 가리킨다. 천리라고 했지만, 천리라는 숫자는 허수虛數이다. 실질적 의미는 광대한 땅이다.

3. 유민소지惟民所止 : '지止'는 '살다' 혹은 '거주하다'의 의미이다. 주희는 이 구절을 "모든 사물이 마땅히 머물러야 할 곳"이라고 해설했지만, 지나치게 도덕적 의미로 확대 해석한 것 같다. 천자의 덕업을 칭송하는 시이기 때문에 "백성들이 살기에 좋은 곳이다" 혹은 "백성들이 살만한 곳이다"라고 번역하는 것이 자연스럽다.

주희 주

이 『시』는 「상송·현조」 편이다. '방기邦畿'는 왕자의 도읍이다. '지止'는 거처하다는 의미로서, '모든 사물은 마땅히 머물러야 할 곳이 있음'을 말한 것이다.

『詩』, 商頌玄鳥之篇. 邦畿, 王者之都也. 止, 居也, 言物各有所當止之處也.

전문3 지어지선

『시경』(「소아·면만」) 편에서 말했다. "꾀꼬르 꾀꼬르 노래하는 꾀꼬리여! (산세가 험준한) 산모퉁이에 사는구나." 공자가 말했다. "(새들도) 마땅히 거처해야 할 곳을 알아 (거처하는데) 사람으로서 새만 못해서야 되겠는가?"

『詩』云 : "緡蠻[1]黃鳥[2], 止於丘隅[3]." 子曰 : "於止, 知其所止[4], 可以人而不如鳥乎!"

역자 해설

1. 면만緡蠻 : 「소아」 편에는 면만緜蠻이라고 되어 있다. 이는 상태를 나타내는 말로서 꾀꼬리의 울음소리, 즉 의성어이다.
2. 황조黃鳥 : 꾀꼬리를 가리킨다. 큰 새로부터 공격을 받을 수 있기 때문에 험준하면서도 한적한 곳에 집을 짓고 산다.
3. 구우丘隅 : 산세가 험준하고 수목이 울창한 곳으로 인적이 한적한 곳이다. 산모퉁이라고 번역했다.
4. 지기소지知其所止 : 마땅히 거주해야 할 곳을 안다. 새도 자신이 마땅히 머물러야 할 곳을 알고 있는데, 하물며 만물의 영장인 사람으로서 마땅히 머물러야 할 곳을 몰라서 되겠는가? 새가 머물러야 할 곳은, 사람이 마땅히 머물러야 할 곳은 지극한 선의 경지이다.

주희 주

'면緡' 자는 『시경』에 '면綿' 자로 되어 있다. 『시경』의 노래는 「소아·면만」 편이다. '면만緡蠻'은 새의 울음소리이다. '구우丘隅'는 산이 깊고 숲이 울창한 곳이다. '자왈子曰' 이하는 공자가 『시경』을 해설한 말이다. 즉 사람으로서 마땅히 머물러야 할 곳을 알아야 함을 말한 것이다.

緡,『詩』作綿.『詩』,「小雅綿蠻」之篇. 緡蠻, 鳥聲. 丘隅, 岑蔚之處. 子曰以下, 孔子說『詩』之辭. 言人當知所當止之處也.

전문3 지어지선

『시경』(「대아·문왕」) 편에서 말했다. "깊고도 넓으신 문왕이여! 아! 끊임없이 광명한 덕을 발휘하면서 공경함에 머무르셨다." 군주가 되어서는 어짊에 머물렀고, 신하가 되어서는 공경함에 머물렀으며, 아들이 되어서는 효성스러움에 머물렀고, 아비가 되어서는 자애로움에 머물렀으며, 나라 사람들과 교제함에는 믿음에 머물렀다.

『詩』云 : "穆穆[1]文王, 於緝熙敬止[2]." 爲人君, 止於仁[3]. 爲人臣, 止於敬[4]. 爲人子, 止於孝[5]. 爲人父, 止於慈[6]. 與國人交, 止於信[7].

역자 해설

1. 목목穆穆 : 깊고도 넓은 문왕의 인품을 형용한 것이다.
2. 오집희경지於緝熙敬止 : '於'는 감탄사이기 때문어 '어'로 읽지 않고 '오'로 읽어야 한다. '집緝'은 중단 없이 지속된다는 의미이고, '희熙'는 밝은 광명, '경敬'은 공경의 의미이다. 그러나 『대학』에서 공경은 단순한 태도의 공손함이 아니라 문왕의 모든 언행이 공경하지 않음이 없어 지극한 선의 경지에 편안하게 머물 수 있음을 말한 것이다.
3. 지어인止於仁 : 군주의 덕목에서 가장 지극한 선은 바로 백성들을 어질게 대하는 것이다. 때문에 '인'에 머물러야 한다.
4. 지어경止於敬 : 군주에 대한 신하의 지극한 선은 공경함이다.
5. 지어효止於孝 : 부모에 대한 자녀의 가장 지극한 선은 효이다.
6. 지어자止於慈 : 자녀에 대한 부모의 가장 지극한 선은 자애이다.
7. 지어신止於信 : 백성들에 대한 군주의 가장 지극한 선은 믿음, 즉 신뢰이다.

주희 주

이 시는 『시경』「문왕」 편이다. '목목穆穆'은 깊고 멀다는 뜻이다. '오於'는 감탄사이다. '집緝'은 '계속'의 의미이다. '희熙'는 '광명하다'의 의미이다. '경지敬止'는 공경하지 않음이 없어 마땅히 머물러야 할 곳에 편안하게 머문다는 의미이다. 이곳에서는 이것을 인용하여 성인이 머무는 곳은 지극한 선이 아님이 없음을 말하고 있다. (인·경·효·자·신) 다섯 가지는 그 조목에서 가장 큰(본질적이고 핵심적인) 것이다. 배우는 사람은 이곳에서 정밀하고 미묘한 뜻을 연구하고, 또 그것을 유추하여 나머지를 다한다면 천하의 일에 대해서 마땅히 머물러야 할 곳을 알아 더 이상 의심함이 없게 될 것이다.

『詩』, 文王之篇. 穆穆, 深遠之意. 於, 歎美辭. 緝, 繼續也. 熙, 光明也. 敬止, 言其無不敬而安所止也. 引此而言聖人之止, 無非至善. 五者乃其目之大者也. 學者於此, 究其精微之蘊, 而又推類以盡其餘, 則於天下之事, 皆有以知其所止而無疑矣.

전문3 지어지선

『시경』(「위풍·기오」)[1] 편에서 말했다. "저 기수의 모퉁이를 보니 푸른 대나무가 무성하구나. 아름다운 문채가 빛나는 군자여! 자른 듯하고, 갈은 듯하며, 쪼아 놓은 듯하고, 윤을 낸 것 같구나. 엄밀하면서도 굳세며, 찬란히 빛나면서도 위엄이 있구나! 아름다운 문채가 빛나는 군자여! 영원히 잊을 수 없구나." '자른 듯하고 갈은 듯하다'는 것은 학문을 강습講習함을 말한 것이고, '쪼아놓은 듯하고 윤을 낸 것 같다'는 것은 스스로 자신의 행실을 닦음을 말한 것이다. '엄밀하면서도 굳세다'는 것은 조심하면서도 두려워한다는 것이고, '찬란히 빛나면서도 위엄이 있다'는 것은 위엄과 의용을 모두 갖추고 있다는 것이다. '아름다운 문채가 빛나는 군자여! 영원히 잊을 수 없다'는 것은 덕성과 용모가 지극한 선의 경지에 이르렀기 때문에 백성들이 잊을 수 없음을 말한 것이다.

詩云 : "瞻彼淇[2]澳[3], 菉竹猗猗[4]. 有斐[5]君子, 如切如磋, 如琢如磨[6]. 瑟[7]兮僩[8]兮, 赫[9]兮喧[10]兮. 有斐君子, 終不可諠[11]兮." 如切如磋者, 道學[12]也. 如琢如磨者, 自脩[13]也. 瑟兮僩兮者, 恂慄[14]也. 赫兮喧兮者, 威儀[15]也. 有斐君子, 終不可諠兮者, 道盛德至善[16], 民之不能忘也.

역자 해설

1. 『시경』「위풍衛風·기오淇澳」 : 위衛나라 사람들이 위 무공武公의 공덕을 찬미한 시이다.
2. 기淇 : 강의 이름이다.
3. 오澳 : 오隩라고도 하고, '욱'이라고도 읽는다. 강의 물굽이를 가리킨다.
4. 의의猗猗 : 대나무가 무성하게 자란 모양을 형용한 것이다. 무성한 대나무로써 군주의 훌륭한 덕성과 업적을 형용하고 있다.
5. 비斐 : 문채가 찬란함을 형용한 것이다.
6. 절차탁마切磋琢磨 : 뼈를 다루는 것을 절切이라 하고, 상아를 다루는 것을 차磋라고 하며, 옥을 다루는 것은 탁琢이라고 하고, 돌을 다루는 것은 마磨라고 한다. 비록 다루는 대상의 다름에 따라서 절차탁마라고 했지만 모두 학문하는 여정의 여러 단계와 절차를 표현한 것이다.
7. 슬瑟 : 엄밀한 모양이다.
8. 한僩 : 굳센 모양이다.
9. 혁赫 : '분명하게 드러나다'의 의미이다.
10. 훤喧 : 겉으로 드러나는 위엄이다.
11. 훤諠 : '잊다'의 의미이다.
12. 도학道學 : 학문을 강습한다.
13. 자수自脩 : 스스로 성찰하고 존양하면서 자신을 수양한다.
14. 준율恂慄 : 전전긍긍戰戰兢兢하면서 조심하고 두려워하는 모양이다.
15. 위의威儀 : 예에 따라서 응사접물應事接物하고, 의용儀容은 엄정하여

사람들로 하여금 두려움을 갖게 한다.

16. 도성덕지선道盛德至善 : '도道'는 '말하다'는 의미이다. 군주의 덕성과 용모의 성대함이 지극한 선의 경지에 이르렀음을 칭송한 것이다.

주희 주

이 시는 『시경』「위풍·기오(욱)」 편이다. '기淇'는 강의 이름이다. '오澳'는 강의 모퉁이다. '의의猗猗'는 아름답고 성대한 모습으로 홍성함을 말한 것이다. '비斐'는 꾸미는 문채가 아름답게 드러나는 모양이다. '절'은 칼과 톱으로 하는 것이고, '탁'은 망치와 끌로써 하는 것으로, 모두 물건을 재단하여 형질을 이루는 것이다. '차'는 줄과 대패로써 하고, '마'는 모래와 돌로써 하는 것으로, 모두 물건을 다스려 매끄럽고 윤택하게 하는 것이다. 뼈와 뿔을 다스리는 것은 먼저 그것을 잘라놓고서 다시 (줄과 대패로) 가는 것이다. 옥과 돌을 다스리는 것은 먼저 쪼아놓고서 다시 (모래와 돌로써) 가는 것이다. 이는 모두 다스림에 실마리가 있어 그것을 더욱 정밀하게 할 수 있음을 말한 것이다. '비瑟'는 엄밀한 모양이다. '한僩'은 굳센 모양이다. '혁훤赫喧'은 드러나는 것이 성대한 모양이다. '훤諠'은 잊다의 의미이다. '도道'는 '말하다'의 의미이다. '학學'은 강습하고 토론하는 것을 말한 것이고, '자수自脩'는 성찰하면서 자신을 극복하는 공부이다. '준율恂慄'은 전전긍긍하면서 두려워하는 것이다. '위威'는 두려워할 만함이다. '의儀'는 본받을 만하다는 의미이다. 『시경』을 인용하고 그것을 해석함으로서 밝은 덕성을 밝혀 드러내는 사람이 (어떻게) 지극한 선의 경지에 이르는가를 밝힌 것이다. '도학'과 '자수'는 그것을 얻게 되는 유래를 말한 것이다. '준율'과 '위의'는 덕성과 용모의 표리가 모두 성대함을 말한 것이다. 마침내 그 실제를 가리켜 그것을 탄미한 것이다.

『詩』, 「衛風淇澳」之篇. 淇, 水名. 澳, 隈也. 猗猗, 美盛貌, 興也. 斐, 文貌. 切以刀鋸, 琢以椎鑿, 皆裁物使成形質也. 磋以鑢鍚, 磨以沙石, 皆治物使其滑澤也. 治骨角者, 旣切而復磋之. 治玉石者, 旣琢而復磨之. 皆言其治之有緖, 而益致其精也. 瑟, 嚴密之貌. 僩, 武毅之貌. 赫喧, 宣著盛大之貌. 諠, 忘也. 道, 言也. 學, 謂講習討論之事. 自修者, 省察克治之功. 恂慄, 戰懼也. 威, 可畏也. 儀, 可象也. 引『詩』而釋之, 以明明明德者之止於至善. 道學自修, 言其所以得之之由. 恂慄 · 威儀, 言其德容表裏之盛. 卒乃指其實而歎美之也.

전문3 지어지선

『시경』(「주송·열문」)[1] 편에서 말했다. "오호라! 옛날의 성왕을 잊지 못한다." 군자는 (옛날 성왕이) 현명하다고 생각한사람을 현명하다고 여기고, (옛날 성왕이) 사랑한 사람을 사랑하며, 백성들은 (옛날 성왕이) 그 즐겁게 해줌을 즐겁게 여기고, 그 이롭게 해줌을 이롭게 여기기 때문에 (옛날 성왕이) 이 세상을 떠났지만 그를 잊지 못하는 것이다.

『詩』云 : "於戲[2]! 前王[3]不忘." 君子[4]賢其賢而親其親, 小人[5]樂其樂[6]而利其利, 此以沒世[7]不忘也.

역자 해설

1. 『시경』「주송周頌·열문烈文」 : 이곳에 있는 노래는 종묘에 제사를 지낼 때 제사를 돕는 제후들을 위로하는 노래이다. 본래 『시경』의 노래가 전대 왕을 찬미한 것이지만, 『대학』에서는 『시경』의 노래를 인용하여 사랑(親)·현명(賢)·즐거움(樂)·이로움(利) 등 군주의 덕성 그리고 백성들에 대한 즐거움과 이익을 주 내용으로 삼고서 군왕의 덕을 칭송한다.
2. 오호於戲 : 감탄사이다. 『시경』에는 오호於乎로 되어 있다. 발음은 모두 '오호'이다.
3. 전왕前王 : 주왕조의 문왕과 무왕이다. 유가 철학에서는 또 요순을 선왕先王이라고 하고, 문왕과 무왕을 후왕後王이라고 칭하기도 한다.
4. 군자君子 : 문왕과 무왕 이후에 출현한 현명하고 능력 있는 지식인(賢士)과 현명한 군주(賢君)를 지칭한다.
5. 소인小人 : 이곳에서 소인은 일반 백성을 지칭한다.
6. 현기현賢其賢 : 앞의 '현' 자는 동사이고, 뒤의 '현' 자는 현명한 사람이

다. 전대의 성왕이 현명하다고 인정한 사람과 같은 사람을 현명한 사람으로 평가한다. 즉 성왕이 현명한 사람으로 규정한 사람과 동일한 유형의 사람을 현명한 사람으로 인정한다. 친기친親其親·락기락樂其樂·리기리利其利 역시 동일하다.

7. 몰세沒世 : 옛 성왕이 이 세상에 없다. 이미 죽었다.

주희 주

이 시는 『시경』「주송·열문」 편이다. '오호於戲'는 감탄사이다. 전왕은 문왕과 무왕을 가리킨다. 군자는 후대에 출현한 현명한 사람과 현명한 군주를 말한다. 소인은 후대의 백성을 말한다. 이는 옛날의 성왕(前王)이 백성들을 새롭게 하고, 지극한 선의 경지에 이르게 하여, 천하와 후세의 모든 것으로 하여금 하나라도 마땅히 머물러야 할 곳을 얻지 못함이 없게 할 수 있음을 말한 것이다. 때문에 옛날 성왕이 이 세상에 없지만 그를 사모하고, 오래되었지만 그를 잊지 못한다. 이 두 구절은 영탄(시에 대한 감탄)하고 음일(시의 뜻이 풍부하여 넘쳐남)하여 그 맛이 깊고 넓으니 마땅히 익숙하게 살펴야 한다.

『詩』, 「周頌烈文」篇. 於戲, 歎辭. 前王, 謂文·武也. 君子, 謂其後賢後王. 小人, 謂後民也. 此言前王所以新民者止於至善, 能使天下後世無一物不得其所. 所以既沒世而人思慕之,愈久而不忘也. 此兩節詠歎淫泆, 其味深長, 當熟玩之.

오른쪽은 전문 3장이다. 지극한 선의 경지에 머문다는 것을 해석한 것이다. 이 장 안의 「기오」 시를 인용한 이하는 구본(고본대학)에는 잘못 배치되어 「성의」 장 아래에 놓여 있었다.

右傳之三章. 釋止於至善. 此章內自引「淇澳」詩以下, 舊本誤在「誠意」章下.

제3-4장

『대학』 전문 4장 본말本末

❈ 전문4 본말 ❈

공자가 말했다. "송사를 듣고 처리함에 있어서는 내 남과 별 차이가 없지만, 나는 반드시 백성들로 하여금 송사가 없도록 할 것이다. 진실하지 못한 사람이 터무니없는 말을 다 하지 못하는 것은 백성들의 마음을 크게 두렵게 하였기 때문이다. 이것이 바로 근본을 안다는 것이다.

子曰 : "聽[1]訟[2], 吾猶人[3]也, 必也使無訟乎!" 無情[4]者不得盡其辭[5], 大畏[6]民志[7], 此謂知本.

역자 해설

1. 청聽 : 백성들의 송사를 자세히 듣고서 시비를 판단한다.

2. 송訟 : 송사를 지칭한다. 청송聽訟은 쌍방간 분쟁이 발생했을 때 양편의 말을 자세하게 듣고서 시시비비와 곡절을 판단한다는 것이다.
3. 유인猶人 : 청송을 해결하는 자세와 능력은 공자와 다른 사람 사이에 별 차이가 없다. 청송에 관한 내용은 『논어』「안연顔淵」에도 수록되어 있다.
4. 정情 : 사실 혹은 실정이다. 무정無情은 사실을 곡해하거나 무고하는 것을 의미한다. 따라서 무정자無情者는 진실하지 못한 사람 혹은 무고하는 사람이다.
5. 사辭 : 터무니없는 말, 즉 거짓말로써 상대방을 무고하거나 승소하려고 하는 말이다.
6. 외畏 : 두려워하다.
7. 지志 : 자기 마음을 속여서 송사에 이기려는 마음이다. 주희는 다른 사람은 알 수 없지만, 자기의 마음만은 자신이 지향하고 있는 것이 선인지 악인지를 알 수 있다고 한다(人所不知, 己所獨知). 따라서 양심을 간직하고 있으면 누구나 타인을 속이려는 마음을 갖고 있는 것에 대하여 두려움과 부끄러움을 갖는다.

주희 주

'유인猶人'은 다른 사람과 다르지 않다는 것이다. '정情'은 '사실적 내용'을 의미한다. 공자의 말을 인용하여 '성인이 진실하지 못한 사람으로 하여금 감히 터무니없는 말을 다하지 못하게 할 수 있는 것은 자신(聖人)의 밝은 덕성이 이미 밝아져서 자연스럽게 백성들의 심지를 두렵게 하여 굴복시켰기 때문임'을 말하고 있다. 그러므로 송사를 듣고 처리하는 것을 기다리지 않아도 송사가 저절로 없어진다. 이상의 말을 보면 본말의 선후를 알 수 있을 것이다.

猶人, 不異於人也. 情, 實也. 引夫子之言, 而言聖人能使無實之人不敢盡其虛誕之辭, 蓋我之明德旣明, 自然有以畏服民之心志. 故訟不待聽而自無也. 觀於此言, 可以知本末之先後矣.

오른쪽은 전문 4장이다. 본말을 해석한 것이다. 이 장은 구본(『고본대학』)에는 "지어신" 아래에 잘못 놓여 있다.

右傳之四章. 釋本末. 此章舊本誤在"止於信"下.

역자 해설

주희는 『대학』 경문 주註에서 "밝은 덕성이 근본이고, 백성을 교화하여 새롭게 하는 것은 끝이다(明德爲本, 新民爲末)"라고 했다. 이미 명덕이 본本이고, 신민이 말末이라고 했기 때문에 또 다시 본말에 관한 전문을 독립적으로 설정할 필요가 없을 것 같은데, 주희는 왜 이 장을 본말을 해석한 전문으로 규정했는지 의구심이 든다. 또 전문 열 장 모두 강령과 조목에 관한 해설인데 본말은 『대학』의 강령과 조목에 포함되지 않는다. 이 때문에 본말의 전문에 대한 후대 학자들의 비평이 지속적으로 나왔다.

제3-5장

『대학』 전문 5장 격치보전格致補傳

전문5 격치보전

이를 일러 근본을 안다고 한다. 이를 일러 앎의 지극함이라고 한다.

此謂知本[1], 此謂知之至也.

역자 해설

1. 차위지본此謂知本 : 이 구절은 『고본대학』에 두 차례 출현한다. 하나는 앞 전문 제 4의 "대외민지大畏民志, 차위지본此謂知本"이고, 다른 하나는 이곳의 "차위지본此謂知本, 차위지지지야此謂知之至也"이다. 주희는 "차위지본此謂知本, 차위지지지야此謂知之至也" 아래에 "정자(정이-이천)는 이 구절에 대하여 연문이라고 했다(程子曰 : 衍文也)"는 주해를 붙였다. 연문은 불필요한 문장을 의미한다. 동일한 말이

중복 출현하고 두 곳의 의미가 별반 다르지 않기 때문에 한 곳의 문장을 불필요한 문장으로 규정한 것이다. 그렇다면 주희와 정이가 연문이라고 규정한 두 곳의 "차위지본此謂知本"은 동일한가? 그렇지 않다. 『이정집二程集』「이천선생개정대학伊川先生改正大學」에 기록된 내용을 보면, 정이는 "대외민지大畏民志, 차위지본此謂知本"의 "차위지본此謂知本"을 연문으로 보았고, 주희는 "차위지본此謂知本, 차위지지지야此謂知之至也"의 "차위지본此謂知本"을 연문으로 규정했다. 앞의 것을 연문으로 규정하건 뒤의 것을 연문으로 규정하건 별다른 차이는 발견되지 않는다. 단지 정이와 주희가 『대학』 전문의 장을 나누는 분장법이 서로 동일하지 않았음을 표현해줄 뿐이다. 정이는 "대외민지大畏民志, 차위지본此謂知本"의 "차위지본此謂知本"을 연문으로 보았기 때문에 청송의 결론은 자연스럽게 "차위지본此謂知本, 차위지지지야此謂知之至也"의 "차위지지지야此謂知之至也"가 된다. 반면 주희가 이 장의 '차위지본此謂知本'을 연문이라고 생각한 것은 그가 앞의 '차위지본此謂知本'을 청송 단락의 결어로 보았기 때문이다. 청송 전문의 결론이 "此謂知本"인데, 그 뒤에 연이어 "차위지본此謂知本"이 나오기 때문에 이 장의 것을 연문으로 규정하고서 제거한 것이다.

주희 주

이 구절 위에 별도로 빠진 글이 있는데, 이것은 단지 그 글들에 대한 결론일 뿐이다.

此句之上別有闕文, 此特其結語耳.

오른쪽은 전문 5장이다. 격물치지를 해석한 것인데, 지금은 망실되어 존재하지 않는다. 이 장은 구본(『고본대학』)에는 아래 장(전문 6장인 「성의」 일부)까지 경문 아래에 잘못 놓여 있었다.

右傳之五章, 蓋釋格物致知之義, 而今亡矣. 此章舊本通下章, 誤在經文之下.

역자 해설

『고본대학』에 이 구절은 경문 마지막 "천자에서부터 일반 백성들에 이르기까지 똑같이 모두 자신의 몸을 수양하는 것을 근본으로 삼는다. 그 근본이 어지럽게 되고서 끝이 다스려지는 경우는 없다. 두텁게 해야 할 것을 엷게 하고, 엷게 해야 할 것을 두텁게 해야 하는 도리는 없다(自天子以至於庶人, 壹是皆以脩身爲本. 其本亂而末治者否矣. 其所厚者薄, 而其所薄者厚, 未之有也)" 아래에 놓여 있다.

주희의 격치보전 格致補傳[1]

이른바 '치지가 격물에 있다'고 하는 것은 나의 앎을 지극히 하고자 하면 사물에 이르러서 그 사물의 이치를 궁구해야 함을 말한 것이다. 대개 사람 마음의 영명함은 모르는 바가 없고, 천하의 사물에는 이치가 있지 않음이 없지만, 사물의 이치를 다 궁구하지 못함이 있기 때문에 (사물의 이치에 관한) 지식도 극진하지 못한 바가 있는 것이다. 그러므로 『대학』에서 처음 가르칠 때는 반드시 배우는 사람들로 하여금 천하 사물에 나아가서 이미 알고 있는 이치를 근거로 더욱 궁구하여 지극함에 이르지 않음이 없게 하는 것이다. 노력함이 오래되어 어느 날 환히 툭 트이어 관통함에 이르면 모든 사물의 겉과 속·정밀함과 거침에 관한 지식을 얻지 않음이 없고, 내 마음 전체의 큰 작용은 밝혀지지 않음이 없게 된다. 이것을 일러 사물의 이치가 궁구되었다고 하며, 이를 일러 앎의 지극함이라고 한다.

所謂致知在格物[2]者, 言欲致吾之知, 在卽物而窮其理[3]也. 蓋人心之靈, 莫不有知[4]. 而天下之物, 莫不有理[5]. 惟於理有未窮, 故其知有不盡也. 是以大學始敎, 必使學者卽凡天下之物, 莫不因其已知之理而益窮之, 以求至乎其極[6]. 至於用力之久, 而一旦豁然貫通[7]焉, 則衆物之表裏精粗無不到, 而吾心之全體大用無不明[8]矣. 此謂物格, 此謂知之至[9]也.

역자 해설

1. 격치보전格致補傳 : 격치보전은 원래 『대학』에 없었던 것인데, 주희가 '마땅히 있어야 한다'는 당위론적 입장에서 만들어낸 허구의 전문이다. 주희는 전문은 경문에 서술되어 있는 강령과 조목을 해설한 것이라고 생각했다. 주희의 견해에 비춰보면, 이미 명명덕과 신민 그리고 지어지선에 관한 전문이 있고, 조금은 어색하지만 본말에 관한 전문이 있으니, 조목 중에서 가장 처음이고 근본에 해당되는 격물치지가 가장 먼저 있어야 함은 당연하다. 또 다음이 성의에 관한 전문이니, 격물치지에 관한 전문이 앞서 있어야 함은 더더욱 당연한 것이다. 그러나 『대학』에는 격물치지를 해설한 전문이 없다. 단지 "이를 일러 앎의 지극함이라고 한다(此謂知之至也)"는 구절만 있을 뿐이다. 이에 관한 고증도 불가능한 상태였고, 본래의 내용을 추적할 수 있는 실마리도 찾을 수 없었기 때문에 주희는 대담하게 정이가 말한 격물치지설을 근거로 하나의 전문을 만들어 이 장 뒤에 첨부했다. 이것이 바로 격치보전의 탄생이다.
2. 치지재격물致知在格物 : "치지가 격물에 있다"는 말은 일단의 해설이 필요하다. 주희에 의하면, 치지는 내 마음의 지각 능력과 이미 알고 있는 성리에 관한 지식을 확충하는 활동이고, 격물은 오로지 주관적인 마음의 판단에만 의지하지 말고 구체적인 사물에 접接해서 그 대상과 자신 사이에 마땅히 있어야 하는 당위의 법칙(理)을 궁구하는 것이다. 궁구한 법칙에 따라서 의지를 순화하고(誠意), 다시 실천으로 드러내면 그것이 바로 도덕행위이다. 주희는 「격치보전」에서

"사람 마음의 영명함은 모르는 바가 없고, 천하의 사물에는 이치가 있지 않음이 없다"고 했다. 마음은 신명(虛靈不昧)한 지각주체이기 때문에 사물과 접하여 사물의 리(소당연지칙과 소이연지리)를 파악하고, 시비선악을 명확히 판별함으로서 의지에 마땅히 지향해야할 방향을 제시한다. 이것이 치지인데, 이러한 치지의 과정을 통하여 도리(性理)는 심에 인식되고 현현된다. 그렇다면 치지와 격물은 완전히 서로 다른 독립적인 수양공부인가? 그렇지 않다. 주희의 도덕론에서 격물과 치지는 비록 구별할 수는 있지만 실제로는 한 가지 일이다. 나누어서 말하면, 격물은 수단이고, 치지는 목적이며, 격물은 대상인 사물에서 하는 공부이고, 치지는 주체인 자기에서 하는 공부이며, 격물은 리를 대상으로 하고, 치지는 심을 주체로 한다. 그러나 격물 없는 치지도 없고, 치지 없는 격물은 아무런 의미가 없다. 때문에 주희는 "치지격물은 단지 한 가지 일일 뿐이다. 오늘 격물하고 내일 또 치지하는 것이 아니다"[1]라고 했고, "치지는 격물에서 하는 것이지 격물 외에 또 다른 치지가 있는 것이 아니다"[2]라고 한 것이다.

3. 즉물이궁기리卽物而窮其理 : 여기서 '즉卽'은 '이르다' 혹은 '접촉하다'의 뜻이다. 즉 주관적인 마음의 판단에만 의지하지 말고 구체적인 사물에 이르고 또 접하여 자신과 그 사물 사이에 마땅히 존재해야 할 이치를 궁구해야 한다. 예를 들어 대상이 부모라면 자식과 부모 사

---

1 『朱子語類』「卷15」, "致知格物只是一事. 非是今日格物, 明日又致知."

2 『朱子語類』「卷18」, "蓋致知便在格物中, 非格物之外別有致處也."

이에서 행위의 주제인 자식이 부모에게 해야 할 도리는 효孝이다. 따라서 부모에 '즉'해서 효의 도리를 궁구하는 것이다.

4. 인심지령人心之靈, 막불유지莫不有知 : 주희는 마음을 허령불매虛靈不昧 혹은 기의 영명한 작용(氣之靈) 혹은 기의 정상(氣之精爽)이라고 규정했다. 허령불매와 영명함 그리고 정상은 모두 도리(성리)에 대한 마음의 지각작용을 설명한 것이다. 즉 마음은 비록 기이지만 기 중에서 가장 빼어난 영기靈氣이고, 오로지 인간만이 이러한 심의 지각작용을 갖추고 있기 때문에 만물의 영장이라는 지위를 확보할 수 있는 것이다. 주희에 의하면, 리는 사물과 인간 모두에 공통적으로 내재된 것이기 때문에 리로써는 인간과 동물뿐만 아니라 사물 간의 차이도 드러낼 수 없다.

5. 천하지물天下之物, 막불유리莫不有理 : 주희에 의하면 천지간의 모든 사물은 모두 리와 기라는 두 가지 요소에 의하여 성립된다. 그중 리는 모든 존재에게 동일하게 내재된 것이고, 기는 사물과 인간, 그리고 인간과 인간 사이에도 차이가 있다. 이것이 바로 '리는 같고 기는 다르다'는 리동기이理同氣異이다.

6. 인기이지지리이익궁지因其已知之理而益窮之, 이구지호기극以求至乎其極 : "이미 알고 있는 이치를 근거로 더욱 궁구하여 지극함에 이르지 않음이 없게 한다." 주희에 의하면, 치지는 최소한 두 가지 의미를 갖고 있다. 하나는 도리를 지각할 수 있는 능력, 즉 마음의 허령불매한 작용을 확충하는 것이고, 다른 하나는 이전의 격물치지를 통하여 얻은 지식을 더욱 확장하여 양적으로는 지식을 넓히고, 질적으로는 더

욱 정묘하게 하는 것이다. 이곳에서는 후자의 의미를 취하여 해설하고 있다.

7. 활연관통豁然貫通 : 주희는 탈연脫然·쇄연洒然·확연廓然·홀연忽然 등의 용어로써 활연의 의미를 표현하기도 한다. 활연의 문자적 의미는 '갑자기 모든 것을 깨우친다'는 것으로 완전한 인식 혹은 체득體得을 의미한다. 그러나 주희 철학에서 활연관통은 선종禪宗처럼 갑자기 다가오는 것이 아니라 끊임없는 치지격물을 통하여 이루어진다. 다시 말하면 활연관통만을 보고서 주희의 인식론을 돈교頓教로 규정해서는 안 된다. 주희의 인식론에 있어 활연관통은 수많은 경험 그리고 경험의 누적(積習)을 통하여 이루어진 결과이다.

8. 중물지표리정조무불도衆物之表裏精粗無不到, 오심지전체대용무불명吾心之全體大用無不明 : "모든 사물의 겉과 속·정밀함과 거침에 관한 지식을 얻지 않음이 없고, 내 마음 전체의 큰 작용은 밝혀지지 않음이 없게 된다"에서 앞은 물격物格을 해설한 것이고, 뒤는 지지知至를 설명한 것이다. '물격'은 내외·상하 모든 부분에 관한 지식이 완전하게 밝혀졌다는 것이고, '지지'는 마음의 허령불매한 작용이 하나의 남김도 없이 완전하게 실현되었다는 것이다. 이것이 바로 활연관통이다.

9. 차위물격此謂物格, 차위지지지此謂知之至 : 격물과 물격 그리고 치지와 지지는 구별해야 한다. 격물은 구체적인 사물에 접하여 도리를 궁구하는 활동이고, 물격은 사물의 도리가 마음에 완전하게 인식되었다는 것이다. 치지는 지식과 지각 작용을 확충하는 활동이고, 지

지는 앎이 완전한 지식에 이르렀다는 것이다. 격물과 치지는 과정이고, 물격과 지지는 결과이고 경지이다.

제3–6장
『대학』 전문 6장 성의誠意

❈ 전문6 성의 ❈

이른바 성의라는 것은 스스로를 속이지 않는 것이다. 악을 미워함을 마치 고약한 냄새를 싫어하는 것처럼 하고, 선을 좋아함을 마치 예쁜 여인을 좋아하는 것처럼 해야 한다. 이를 일러 스스로의 만족이라고 한다. 그러므로 군자는 반드시 (타인은 모르지만 오로지) 자신만 홀로 아는 마음의 상태를 조심해야 한다.

所謂誠其意[1]者, 毋[2]自欺也. 如惡惡臭, 如好好色[3]. 此之謂自謙[4]. 故君子必愼其獨[5]也.

역자 해설

1. 성의誠意 : 『대학』에서는 성의를 "자신을 속이지 않는 것이다"라고

했다. 이는 곧 자신의 생각을 진실하게 하는 것과 같은 의미이다. 주희는 이곳에 성의 전문이 있기 때문에 앞의 "이를 일러 앎의 지극함이라고 한다(此謂知之至也)"를 격물치지의 전문으로 규정하여 5장으로 삼은 것이다. 주희에 의하면 격물은 앎의 시작이고, 성의는 행위의 시작이다.[1] 또 앎이 먼저이고 실천이 뒤(先知後行)이기 때문에 격물치지가 앞이고, 성의가 그 다음이다. 이로서 보면 5장이 마땅히 격치에 관한 전문이어야 한다. 그러나 『고본대학』에 격물치지에 관한 구체적 해설이 없다. 때문에 대담하게 「격치보전」을 만들어 첨가한 것이다.

2. 무毋 : '금지'의 의미이다.
3. 여오악취如惡惡臭, 여호호색如好好色 : '오惡'는 동사로서 '싫어하다'는 의미이고, 악취惡臭의 악은 형용사이다. 호호색好好色 역시 마찬가지이다. 앞의 '호好' 자도 동사로서 '좋아하다'는 의미이다.
4. 자겸自謙 : 겸謙은 겸慊과 동의어이다. 즉 '겸손하다'가 아니라 '만족하다'의 뜻이다.
5. 신기독愼其獨 : '신'은 조심하다의 뜻이고, 독獨은 다른 사람은 모르고 오로지 자신만 홀로 알고 있는 곳이다. 대부분 '신기독'을 '홀로 있을 때를 삼가 한다'고 번역하지만, 좋은 해석이 아니다. 내 마음이 무엇을 지향하고 있는지, 즉 동기가 선인지 혹은 악인지에 대해서 다른 사람은 결코 알 수 없다. 오로지 자신의 양심만이 알 수 있다. 따라서

1 『朱子語類』「卷15」, "格物者知之始也. 誠意者行之始也."

동기가 선을 지향하고 있으면 구체적으로 실현해야 하고, 악을 지향하고 있으면 그곳에서 악한 생각을 제거해야 한다.

주희 주

자신의 뜻을 진실하게 한다는 것은 자기를 수양하는 첫 머리이다. '무毋'는 금지하는 말이다. '자기自欺'라고 말한 것은 선을 실천하고 악을 제거해야 함을 알지만 마음에서 발동하는 것에 아직 진실하지 못함이 있다는 것이다. '겸謙'은 즐겁다와 만족하다의 뜻이다. '독獨'이라는 것은 다른 사람은 모르고 오로지 자기만이 알 수 있는 곳이다. 스스로 수양하고자 하는 사람이 선을 실천해야 하고 악을 제거해야 함을 알았다면 마땅히 실제로 힘을 써서 스스로를 속이려고 하는 것을 금지해야 한다. 악을 싫어하는 것을 마치 악취를 싫어하는 것처럼 하고, 선을 좋아하는 것을 마치 아름다운 여인을 좋아하는 것처럼 해야 하는데, 이는 모두 힘써 결단하여 버릴 것은 버리고, 얻어야 할 것은 반드시 얻음으로써 자기에게 있어서 즐겁고 만족해야 하지 결코 구차하게 밖의 것에 따라 남을 위해서는 안 됨을 말한 것이다. 그러나 진실함과 진실하지 못함은 다른 사람은 알 수 없고 자기만이 홀로 알 수 있는 것이다. 그러므로 반드시 이곳에서 근신하여 그 기미를 살펴야 한다.

誠其意者, 自修之首也. 毋者, 禁止之辭. 自欺云者, 知爲善以去惡, 而心之所發有未實也. 謙 快也, 足也. 獨者, 人所不知而己所獨知之地也. 言欲自修者知爲善以去其惡, 則當實用其力, 而禁止其自欺. 使其惡惡則如惡惡臭, 好善則如好好色, 皆務決去, 而求必得之, 以自快足於己, 不可徒苟且以殉外而爲人也. 然其實與不實, 蓋有他人所不及知而己獨知之者, 故必謹之於此以審其幾焉.

전문6 성의

소인은 한가로이 혼자 있을 때는 선하지 않은 일을 못하는 것이 없다가 군자를 보면 그러한 일을 하지 않은 것처럼 시치미를 떼면서 선하지 않은 일을 감추고 선한 것만을 드러내려고 한다. 그러나 사람들이 그 사람 보기를 마치 폐와 간을 들여다보듯이 하는데 (그렇게 한들) 무슨 이익이 있겠는가! 이를 일러 '마음에 진실로 그런 것이 있으면 밖으로 나타나게 된다'는 것이다. 그러므로 군자는 자기 혼자만 아는 마음을 조심해야 한다.

小人[1]閒居爲不善, 無所不至, 見君子而后厭[2]然揜[3]其不善, 而著其善. 人之視己, 如見其肺肝然[4], 則何益矣! 此謂誠於中, 形於外[5], 故君子必其愼獨也.

역자 해설

1. 소인小人 : 소인은 일반적인 범부를 뜻한다. 소인과 악인은 동일한 유형의 사람이 아니고, 공자가 가장 싫어하는 향원鄕願과도 다르다. 향원은 이중인격자이고 성현의 인품이 아닌 외적인 모습만을 꾸며 성인보다도 더욱 성인처럼 행동하는 사람이다.
2. 염厭 : 시치미를 뚝 떼는 모양이다.
3. 엄揜 : 엄掩으로서 '숨기다' 혹은 '감추다'의 뜻이다.
4. 여견기폐간연如見其肺肝然 : '매우 분명하게 보다'의 뜻이다.
5. 성어중誠於中, 형어외形於外 : 중中은 마음이다. 마음이 진실하면 행동 역시 진실한 형태로 드러나며, 마음이 진실하지 못하면 행위 역시 가식적인 모습으로 나타난다.

주희 주

'한거閒居'는 혼자 있는 것을 말한다. '염연厭然'은 없는 것처럼 은폐하고 감추는 모습이다. 이는 소인들이 속으로는 선하지 않은 일을 하지만 겉으로는 이것을 감추려고 함을 말한 것이다. 즉 (소인은) 선을 마땅히 해야 하고 악을 마땅히 제거해야 함을 모르지 않지만 단지 실제로 힘을 쓸 수 없었기 때문에 (속으로는 악한 일을 하지만 겉으로는 이것을 감추려고 하는) 지경에 이른 것이다. 그러나 그 악을 가리려고 하지만 끝내는 가릴 수가 없고, 거짓으로 선을 한 것처럼 하려고 해도 끝내는 속일 수 없으니 (자신에게)

무슨 이익이 있겠는가? 때문에 군자는 거듭 자신을 경계하면서 혼자만이 알 수 있는 마음의 상태를 조심하는 것이다.

閒居, 獨處也. 厭然, 消沮閉藏之貌. 此言小人陰爲不善, 而陽欲揜之. 則是非不知善之當爲與惡之當去也. 但不能實用其力以至此耳. 然欲揜其惡而卒不可揜, 欲詐爲善而卒不可詐, 則亦何益之有哉! 此君子所以重以爲戒, 而必謹其獨也.

전문6 성의

증자가 말했다. "열개의 눈이 보고, 열 손가락이 가리키니 이 얼마나 두려운 일인가?"

曾子曰: "十目[1]所視, 十手所指, 其嚴乎[2]!"

역자 해설

1. 십목十目·십수十手 : '십十'은 허수이다. 열 개의 눈과 열 개의 손가락은 많은 사람들이 자신의 행위를 보고 판단한다는 의미이다.
2. 기엄호其嚴乎 : '매우 두렵다'는 의미이다.

주희 주

이 구절을 인용하여 윗글의 의미를 밝힌 것이다. 비록 고요히 홀로 있을지라도 그 마음의 선과 악은 (열 개의 눈이 보고, 열 손가락이 가리키는) 것처럼 가릴 수 없으니 매우 두렵다는 것을 말함이다.

引此以明上文之意. 言雖幽獨之中, 而其善惡之不可揜如此, 可畏之甚也.

전문6 성의

풍요로움은 집을 윤택하게 하고, 덕은 몸을 윤택하게 하니 (덕을 갖추고 있으면) 마음은 넓어지고 몸은 편안해진다. 그러므로 군자는 반드시 자신의 생각을 진실하게 해야 한다.

富潤[1]屋, 德潤身, 心廣[2]體胖[3], 故君子必誠其意.

역자 해설

1. 윤潤 : 윤택, 즉 빛나게 한다는 의미이다.
2. 광廣 : 마음이 넓어진다는 것은 곧 마음이 도덕적으로 변화한다는 것

을 의미한다.

3. 반胖 : '반'은 본래 뚱뚱하다는 비만의 의미이다. 주희는 '편안하다'로 해석했는데, 『대학』의 성격에 비춰보면 주희의 해석이 합리적이다.

주희 주

'반胖'은 편안하다는 것이다. (물질적인) 풍요로움은 집안을 윤택하게 할 수 있고, (훌륭한) 덕은 자신의 몸을 윤택하게 할 수 있음을 말한 것이다. 때문에 마음에 부끄러움이 없으면 마음은 광대해지고 평평해지며, 몸은 항상 편안해지는데, 이는 덕이 그 몸을 윤택하게 하기 때문이다. 선함이 실제로 마음에서 밖으로 드러나는 것이 이와 같기 때문에 이처럼 말을 하여 끝을 맺은 것이다.

胖, 安舒也. 言富則能潤屋矣, 德則能潤身矣. 故心無愧怍, 則廣大寬平, 而體常舒泰, 德之潤身者然也. 蓋善之實於中而形於外者如此, 故又言此以結之.

오른쪽은 전문 6장이다. 성의를 해석한 것이다. 경문에서 말했다. "자신의 생각을 진실하게 하고자 하는 사람은 먼저 그 마음의 지식과 지각 작용을 지극한 곳까지 확충해야 한다." 또 말했다. "마음의 지식이 지극한 후에 생각이 진실해진다." 심체의 밝은 지각 작용을 미진하게 실현하면 그 발동하는 바에 반드시 실제로 힘을 쓸 수 없음이 있게 되어 구차하게 자신을 속이게 되는 것이다. 그러나 혹시 이미 (심의 지각작용을 충분하게) 밝혔다고 할지라도 (생각이 발동하는 곳)에서 근신하지 않으면 그 밝힌 바가 자기의 소유가 아니어서 덕에 나아갈 수 있는 기초로 삼을 수 없다. 그렇기 때문에 이 장에서는 반드시 윗 장을 계승하고 모든 것을 아울러 상고한 후에 힘을 쓰는 시작과 마침을 볼 수가 있으니 그 순서는 어지럽힐 수 없고 공부는 빠뜨릴 수 없음이 이와 같다는 것을 보이고자 한다.

右傳之六章. 釋誠意. 經曰:"欲誠其意, 先致其知." 又曰:"知至而后意誠." 蓋心體之明有所未盡, 則其所發必有不能實用其力, 而苟焉以自欺者. 然或已明而不謹乎此, 則其所明又非己有, 而無以爲進德之基. 故此章之指, 必承上章而通考之, 然後有以見其用力之始終, 其序不可亂而功不可闕如此云

역자 해설

성의誠意와 정심正心의 관계 : 주희의 도덕론에서 치지는 성의의 조건이고, 성의는 정심의 조건이다. 주희에 의하면, 마음은 구체적이고 특수한 형체가 없기 때문에 마음을 올바르게 할 수 있는 공부의 시작점이 모호하다. 때문에 주희는 사람들로 하여금 마음의 상태를 올바르게 존속시

키려면 반드시 마음이 발동하는 곳에서 악의 근원을 제거해야 한다고 주장한다. 이는 집안에 있는 도적을 제거해야 집안이 편안하게 되고, 밭에 씨앗을 파종하려고 하면 먼저 잡초를 제거해야만 씨앗이 무성하게 자라나는 것과 같다. 먼저 자기 스스로 속이는 마음을 제거해야 하는데, 이것이 바로 생각을 진실하게 하는 것이고, 생각이 진실하게 되면 마음 역시 바르게 된다는 것이다.

제3-7장

『대학』 전문 7장 정심正心

❈ 전문7 정심 ❈

이른바 몸을 수양한다는 것이 그 마음을 바르게 하는데 있다고 하는 것은 마음에 분노하는 바가 있으면 그 (몸이) 올바름을 얻지 못하고, 두려워하는 바가 있으면 그 (몸이) 올바름을 얻지 못하며, 즐기는 바가 있으면 그 (몸이) 올바름을 얻지 못하고, 근심하는 바가 있으면 그 (몸이) 올바름을 얻지 못하기 때문이다.

所謂修身在正其心[1]者, 身有所忿懥[2], 則不得其正[3]. 有所恐懼[4], 則不得其正. 有所好樂[5], 則不得其正. 有所憂患[6], 則不得其正.

역자 해설

1. 정심正心 : 주희는 이 장에서 마음을 바르게 하는 것과 몸을 수양하는 것을 논하고 있어 앞으로는 성의를 계승하고, 뒤로는 수신제가를 열고 있기 때문에 전문 제 7장으로 삼았다. 『대학』의 조목은 모두 조건관계로 연결되어 있다. 주희에 따르면, 『대학』의 조목은 8개로 구성되어 있지만, 세 절로 분류하여 설명할 수 있다. 하나는 가장 근본적인 것으로 이치와 도리를 인식하여 밝히는 격물치지이고, 다음은 인식한 도리를 근거로 의지와 생각 그리고 마음 및 몸을 올바르게 수양하는 것으로, 성의와 정심 그리고 수신이 이에 해당한다. 마지막은 제가와 치국 및 평천하인데, 이는 자신으로부터 확장하여 타인과 세계로 미치게 하는 것이다.
2. 분치忿懥 : 분노하다.
3. 신유소분치身有所忿懥, 즉부득기정則不得其正 : 주희의 해석에 따르면, "마음에 분노하는 바가 있으면 그 (몸이) 올바름을 얻지 못한다"라고 해야 한다. 주희는 '신身' 자를 몸으로 해석하지 않고 마음으로 해석했다. 이는 주희뿐만 아니라 정이 역시 동일하게 해석한다. 왜냐하면 『대학』의 조목에는 '정심'은 있지만 '정신正身'은 없기 때문이다. 설령 반드시 '신' 자로 해석해야 한다고 하더라도 뒤의 수신과 중복된다. 때문에 정이와 주희의 주장은 많은 학자들에게 그대로 수용되었다. 그렇다고 이견이 없는 것은 아니었다. 송대부터 '신' 자를 '심' 자로 대체하는 것에 대한 반대 주장은 상당히 많이 출현했다. 대표자로는 송대의 장구성張九成과 이원백李元白 그리고 명대의 이지

李贄와 청대의 이광지李光地 등이 있다. 장구성張九成은 다음과 같이 주장한다.

> 마음의 올바른 본체에는 분노하고 두려워하며 즐기고 걱정함이 없다. 이러한 것들이 일어나는 것은 모두 혈기 때문이다. 이것이 바로 몸을 말하고 마음을 말하지 않은 까닭이다. '신身'은 그 글자의 본래 음으로 읽어야 한다.[1]

장구성 뿐만 아니라 반대론자들의 주장은 모두 일정 부분 합리성을 갖추고 있지만, 정이와 주희가 '신' 자를 '심' 자로 대체한 것에 대한 부당성을 합리적으로 지적하지 못하고 있다. 필자는 『대학』의 강령과 조목 그리고 조목과 조목 사이의 유기적 연결과 선후의 순서를 합리적으로 배열하기 위해서는 정이와 주희의 주장을 따라야 한다고 생각한다.

4. 공구恐懼 : 두려워하다.
5. 호요好樂 : 즐기다.
6. 우환憂患 : 우환은 모두 걱정의 의미를 나타내지만, 그중에서 우憂는 공적인 성격의 근심 걱정이고, 환患은 사적인 성격의 근심과 걱정이다. 그러나 이곳에서 우환은 전자보다는 후자의 의미로 쓰이고 있다.

---

1 張九成『大學說』, "心之正體, 無忿懥·恐懼·好樂·憂患也. 其所以爲之者皆血氣也. 此所以言身而不言心也. 讀身如字."

주희 주

정자가 말했다. "'身有(所忿懥)'에서의 '신身'은 마땅히 마음(心)으로 바꾸어야 한다." '분치忿懥'는 분노함이다. 이 네 가지(忿懥·恐懼·好樂·憂患)는 모두 마음의 작용으로서, 사람에게서 없을 수 없는 것들이다. 그러나 한 번이라도 이러한 것(忿懥·恐懼·好樂·憂患)들이 있었는데 그것을 분명하게 살피지 못하면 욕심이 일어나고 감정이 치우쳐서 그 작용의 행하는 바에 간혹 그 올바름을 잃지 않을 수 없게 된다.

程子曰 : "身有之身當作心." 忿懥, 怒也. 蓋是四者, 皆心之用, 而人所不能無者. 然一有之而不能察, 則欲動情勝, 而其用之所行, 或不能不失其正矣.

전문7 정심

마음이 (몸에) 있지 않으면 보려고 해도 보이지 않고, 들으려고 해도 들리지 않으며, 먹으면서도 그 맛을 알지 못한다. 이것을 일러 몸을 수양하는 것은 그 마음을 바르게 하는데 있다고 하는 것이다.

心不在焉[1], 視而不見[2], 聽而不聞[3], 食而不知其味. 此謂修身在正其心.

역자 해설

1. 심부재언心不在焉 : 마음이 몸에 있지 않다는 것은 몸에서 마음이 소실되어 없어졌다는 것이 아니라 비록 마음이 몸에 있지만 몸을 주재할 수 없기 때문에 몸은 비록 무엇을 보아도 마음이 따라가지 않아 마음에 보이는 것이 없게 된다는 것이다. 이는 마음과 몸의 주종관계를 표현한 것이다.
2. 시이불견視而不見 : '시視'와 '견見'은 모두 '보다'는 동사이지만, '시'는 능동사이고, '견'은 피동사이다. 즉 '시'는 어떤 의지를 갖고서 본다는 것이고, '견'은 특별히 보려는 의도는 없었는데 보여지는 것이다. 일반적으로 '시이불견視而不見'은 보고서도 못 본 체 한다는 의미로 사용된다. 이곳에서 '시'의 주체는 몸이고, '견'의 상태는 마음이다.
3. 청이불문聽而不聞 : '시이불견'과 마찬가지이다. '청聽' 자는 능동사로서 '듣다'의 의미이고, 문聞는 피동사로서 '들리다'의 의미이다. 전자는 의지가 반영된 것이고, 후자에는 의지가 반영되어 있지 않다. 따라서 도청盜聽이라고 하지 도문盜聞이라고 하지 않는다. 또 '문' 자는 알다·깨우치다·냄새를 맡다 등의 다양한 의미의 동사로 사용된다.

주희 주

(몸에) 마음이 간직되어 있지 않으면 (마음은) 그 몸을 검사하고 단속할 수 없게 된다. 그러므로 군자는 반드시 이것을 살펴서 경敬으로써 (마음을) 올곧게 한다. 그런 후에 (몸에) 마음이 항상 간직되어

있고 몸은 수양되지 않음이 없다.

心有不存, 則無以檢其身, 是以君子必察乎此而敬[1]以直之, 然後此心常存而身無不修也.

오른쪽은 전문 7장이다. 정심과 수신을 해석하고 있다. 이것 역시 윗 장을 계승하여 아래 장을 연 것이다. 대개 생각이 진실해지면 참으로 악은 없게 되고 실제로 선만이 있을 것이기 때문에 이러한 마음을 보존하고 있으면 그 몸을 검속할 수 있다. 그러나 혹시라도 생각을 진실하게 하는 성의만을 알고서 이 마음이 간직되어 있는지 없는지를 엄밀하게 살피지 못한다면 또 그 안을 곧게 하여 몸을 수양할 수 없게 된다. 이 다음은 구문(『고본대학』)에 실려 있는 것을 옳은 것으로 삼는다.

右傳之七章. 釋正心修身. 此亦承上章以起下章. 蓋意誠則眞無惡而實有善矣, 所以能存是心以檢其身. 然或但知誠意, 而不能密察此心之存否, 則又無以直內而修身也. 自此以下, 並以舊文爲正.

역자 해설

1. 경敬 : 일반적으로 '공경하다' 뜻으로 사용되지만, '경' 자의 쓰임은 상

당히 광대하다. 정이와 주희 이전에 '경' 자는 주로 외면적인 단정과 엄숙을 이루는 것으로 사용되었다. 대표적인 것이 '몸가짐을 단정하게 꾸미고 몸과 얼굴 표정을 엄숙하게 한다'의 정제엄숙整齊嚴肅이다. 그러나 송대 성리학자들에게서 '경' 자의 쓰임은 다양하다. 정이와 주희 철학에서 '경' 자는 외적인 정제엄숙은 물론이고, 안으로 마음을 수렴하여 하나로 올곧게 하는 주일무적主一無適과 항상 깨어 있다는 상성성常惺惺 등의 의미로 사용되었고, 또 격물치지의 전제조건인 거경으로 승격되어 도덕철학에서 절대 불가결한 지위를 차지한다. 이 뿐만 아니라 '경' 자는 중단이 없다는 불간단不間斷의 의미로도 사용된다. '불간단'은 대부분 심학자들이 취하는 의미이다.

제3-8장

『대학』 전문 8장 수신제가修身齊家

전문8 수신제가

이른바 집안(왕실)을 가지런히 하는 근본이 자신의 몸을 수양함에 있다고 하는 것은 사람들이 자신이 친하고 사랑하는 바에 치우치고, 자신이 천대하고 미워하는 바에 치우치며, 자신이 두려워하고 공경하는 바에 치우치고, 자신이 가엽게 여기고 불쌍히 여기는 바에 치우치며, 자신이 오만하고 태만한 바에 치우치기 때문이다. 그렇기 때문에 (무엇을) 좋아하면서도 그것의 나쁨을 알 수 있고, (누구를) 미워하면서도 그 사람의 아름다운 면을 알 수 있는 사람이 천하에 드문 것이다.

所謂齊其家在修其身者, 人之[1]其所親愛[2]而辟[3]焉, 之其所賤惡[4]而辟焉, 之其所畏敬[5]而辟焉, 之其所哀矜[6]而辟焉, 之其所敖惰[7]而辟焉. 故好而知其惡, 惡而知其美者, 天下鮮[8]矣.

역자 해설

1. 인지人之 : 이곳에서 '인人'은 보통사람 즉 일반인이고, '지之'는 '…에', 즉 '어於' 자와 같다.
2. 친애親愛 : 자신이 좋아하고 사랑하는 것이다.
3. 벽辟 : 정현鄭玄은 '비유하다'의 '비譬' 자로 읽어야 한다고 주장한다. 즉 여러 사람들의 행위를 보고서 그것을 하나의 준칙(거울)으로 삼아 자신을 수양한다는 것이다. 그러나 주희는 정현의 해석을 따르지 않고 '辟' 자를 '치우치다' 의미의 벽僻으로 해석한다. 정현과 주희의 해석 모두 통할 수 있지만, 필자는 주희의 해석에 따른다.
4. 천오賤惡 : '천'은 천대하다 혹은 무시하다는 의미이고 오惡는 싫어하다는 의미이다.
5. 외경畏敬 : '외'는 두려워하다는 의미이지만, '경' 자와 함께 쓰이면 단순한 두려움이 아닌 인격과 풍모 그리고 지위 등에 대한 존경의 의미가 포함된 두려움이다.
6. 애긍哀矜 : 불쌍하게 여기다.
7. 오타敖惰 : 오만(거만)과 태만의 의미이다.
8. 선鮮 : 많지 않다 혹은 드물다.
9. 친애·천오·외경·애긍·오타와 편견 : 인생의 삶에서 우리는 모든 사람에게 평정심을 유지하고서 대해야 하지만, 상대방과의 관계, 그 사람에 대한 평소의 선입견, 상대방의 사회적 지위, 재산 등의 외적인 요소에 따라 자신의 태도가 달라지기도 한다. 자신의 자녀와 다른 아이들의 싸움에서 공정한 태도를 갖는 부모는 드물 것이다. 이것이

바로 '친하고 사랑하는 바에 치우친 것'이다. 전과자 혹은 사회적으로 비난의 대상이 된 사람에 대하여 나쁜 점만 보지 않고 그 사람의 장점을 보려고 하는 사람 역시 많지 않을 것이다. 사회적 명망가와 정치적으로 지위가 높은 사람 그리고 경제계의 거상巨商들에 대해서는 자연스럽게 두려움과 함께 공경심이 들기도 한다. 어려운 환경에 처한 고아나 노인 등을 보면 마음에서 불쌍함과 동정심이 일어나기 때문에 그들이 설사 약간의 불합리한 일을 하더라도 쉽게 관용을 베풀기도 한다. 자기보다 지위가 낮은 사람들에 대해서는 경시하는 마음이 들 수 있어 그들의 요구에 대하여 태만한 자세로 임하기도 한다. 이상의 태도들은 소인들에게서만 나타나는 것이 아니라 현인과 군자 역시 특별히 주의를 하지 않으면 자연스럽게 드러날 수 있는 인간의 상정常情이다. 때문에 수신은 자신의 마음이 이 다섯 가지의 선입견에 따라 발현되지 않고 도리에 따라 실현되도록 하는 것에 중점을 두어야 한다.

주희 주

'사람(人)'은 일반사람(衆人)을 말한다. '지之'는 '…에'의 '어於'와 같다. '벽辟'은 치우치다의 의미이다. 이 다섯 가지는 사람들이 본래 소유하고 있는 당연의 법칙이다. 그러나 일반사람들의 감정은 그가 지향하는 쪽으로만 갈 뿐 (그것의 문제점을) 살피지 않으니 필연적으로 한쪽으로 빠지게 되어 몸이 올바르게 수양되지 못한다.

人, 謂衆人. 之, 猶於也. 辟, 猶偏也. 五者, 在人本有當然之則. 然常人之情惟其所向而不加審焉, 則必陷於一偏而身不修矣.

전문8 수신제가

그러므로 속담에 이런 말이 있다. "사람들은 제 아들의 잘못을 알지 못하고, 제 밭의 농사가 잘된 줄을 알지 못한다".

故諺[1]有之曰 : "人莫知其子之惡, 莫知其苗之碩[2]."

역자 해설

1. 언諺 : 민간에 유행하는 속담이다.
2. 석碩 : 거대하다는 의미이지만 이곳에서는 농사가 잘 되었다는 의미로 사용된다.

주희 주

'언諺'은 속담이다. 사랑에 빠진 사람은 밝지 못하고, 무엇을 얻고자 탐하는 사람은 만족함이 없다. 이는 치우침이 해가 되어 그 집안이 가지런해지지 못한 것이다.

諺, 俗語也. 溺愛者不明, 貪得者無厭, 是則偏之爲害, 而家之所以不齊也.

전문8 수신제가

이것이 이른바 몸을 수양하지 않으면 그 집안을 가지런히 할 수 없다는 것이다.

此謂身不修, 不可以齊其家.

주희 주

오른쪽은 전문 8장이다. 수신제가를 해석한 것이다.

右傳之八章. 釋修身齊家.

역자 해설

주희는 이장에서 서술하고 있는 내용이 몸을 수양하는 수신과 집안을 가지런히 하는 제가에 관한 것이라고 생각하여 전문 제 8장으로 삼았는데, 두 부분으로 구분할 수 있다. 하나는 수신에서 가정이 다스려지지 않는 원인을 찾았다. 수신의 잘못으로 '친하고 사랑하는 바'·'천대하고 미워하는 바'·'두려워하고 공경하는 바'·'가엽게 여기고 불쌍히 여기는 바'·'오만하고 태만한 바'에 치우침을 들고 있다. 다른 하나는 속담을 인용하여 구체적인 예증을 삼고 다섯 가지 원인의 정당성을 설명했다.

제3-9장

『대학』 전문 9장 제가치국齊家治國

전문9 제가치국

이른바 나라를 다스리기에 앞서 반드시 그 집안(왕실)을 가지런히 해야 하는 것은 자기 집안사람을 잘 가르치지 못하고서 남을 가르칠 수 있는 사람은 없기 때문이다. 그러므로 군자는 가정 교육의 범위를 벗어나지 않고서도 국가의 교육을 완성한다. (부모에 대한) 효도는 임금을 섬기는 근본이고, (형에 대한) 공손함은 윗사람을 섬기는 근본이며, (자녀에 대한) 사랑은 민중을 부리는 근본이다.

所謂治國必先齊[1]其家[2]者, 其家不可教[3], 而能教人者, 無之. 故君子不出家[4]而成教於國. 孝者所以事君[5]也, 弟者所以事長[6]也, 慈者所以使衆[7]也.

역자 해설

1. 제齊 : 일반적으로 '제齊' 자의 문자적 의미를 중시하여 '가지런히 하다'로 번역하지만 실제 의미는 부모와 자녀의 효와 자애 그리고 형제간의 우애를 근본으로 한 '화목함'이다.
2. 가家 : 일반사람이라면 집안사람을 가리키고, 왕실이라면 종친 등 왕실의 구성원을 의미한다. 『대학』을 정치 서적으로 규정하면 '가'는 왕실사람을 가리킨다.
3. 교敎 : '가르치다'는 의미이지만 '인화의 교화'로 해석하는 것이 합리적이다.
4. 불출가不出家 : 가정도 하나의 공동체이고, 국가 역시 하나의 공동체이다. 유가 철학에서는 국가를 가정이라는 공동체의 확장으로 인식하기 때문에 가정의 교화와 국가의 교화를 동일 성격으로 규정한다. 때문에 가정 교육의 범위를 벗어나지 않고서도 국가 교육을 완성할 수 있다고 한 것이다.
5. 효자소이사군孝者所以事君 : 효는 부모에 대한 자녀의 사랑이다. 이는 수직적(縱)인 사랑이다. 군주와 신하의 윤리 역시 종적縱的인 것이기 때문에 부모를 섬기는 효와 군주를 섬기는 충은 동일 성격의 윤리이다. 또한 가정 윤리의 확장이 국가 윤리이기 때문에 효도는 임금을 섬기는 근본이라고 한 것이다.
6. 제자소이사장弟者所以事長 : 제弟는 제悌로서 웃어른을 공경한다는 의미이다. 원래 '제'는 형제간의 윤리이다. 동생은 형을 공경하고, 형은 동생을 사랑하고 보살핀다. 형제간의 윤리는 종적인 것이 아니라

수평적인 횡橫의 윤리이다. 형제간의 횡적 윤리가 국가와 사회로 확장된 것이 바로 윗사람을 섬기고 아랫사람을 보살펴주는 장유유서長幼有序이다. 때문에 형에 대한 공손함이 윗사람을 섬기는 근본이라고 한 것이다.

7. 자자소이사중慈者所以使衆 : 자慈는 자애의 의미이다. 사중使衆은 민중들로 하여금 즐거운 마음으로서 자신의 임무를 다하게 한다는 의미이다. 여기에서 유가의 정치론이 민본일뿐 민주가 아님을 알 수 있다. 민본은 부모가 어린아이의 마음을 헤아려 아이를 보살피는 것과 같다. 아이의 요청을 제일 근거로 삼지 않고 부모의 마음을 근거로 삼는다. 엄격하게 말하면 민본은 사랑이지만, 일방적인 사랑이다. 반면 민주는 민중에 의하여 정치의 방향이 결정된다. 이는 주객의 교류이고, 더 나아가 객체에 의하여 주체의 행위방식이 결정됨을 의미한다.

주희 주

몸이 수양되면 집안을 가르칠 수 있다. '효孝'와 '제弟' 및 '자慈'는 몸을 수양하여 집안을 잘 다스릴 수 있는 근본이다. 그러나 국가에서 군주를 섬기고 장관을 섬기며 백성을 부리는 원칙과 방법은 (가정 교육에서) 벗어나지 않는다. 이것이 바로 집안이 위에서 가지런하게 되면 가르침이 아래에서 이루어지는 까닭이다.

身修, 則家可教矣. 孝·弟·慈, 所以修身而教於家者也. 然而國之所以事君事長使衆之道不外乎此. 此所以家齊於上, 而教成於下也.

전문9 제가치국

강고에서는 "갓난아이를 돌보듯이 한다"고 했다. 진실로 갓난아이의 욕구를 만족시켜주는 마음으로 (백성을 보살피면) 비록 (백성들의 요구에) 적중하지 않더라도 크게 벗어나지 않을 것이다. 아기 기르는 법을 배운 뒤에 시집가는 처녀는 없다.

康誥曰 : "如保赤子[1]." 心誠求之[2], 雖不中不遠矣. 未有學養子而后嫁者[3]也.

역자 해설

1. 여보적자如保赤子 : '적자赤子'는 갓난아이를 가리킨다. 아이가 막 태어났을 때 몸의 색이 붉은 색에 가깝기 때문에 '적자'라고 칭한 것이다. 유가 철학에서는 적자의 마음(赤子之心)을 사람 본성의 본

래 모습으로 규정하여 성선설의 근거로 삼기도 한다. 맹자가 대표적 인물이다. 여보적자如保赤子는 마치 갓난아이를 돌보듯이 백성의 마음을 살피고 어루만지라는 의미이다. 다음은 「강고」의 원문이다.

> (백성을 대할 때) 마치 그들을 아픈 사람처럼 대하면 백성들은 스스로 자신들의 허물을 모두 없앨 것이다. (백성을 대할 때) 마치 갓난아이를 돌보는 것처럼 하면 백성들은 즐겁고 평안하게 지낼 것이다.[1]

부모와 갓난아이의 관계로써 민본의 이념을 설명한 것은 합리적이다. 그러나 이것과 민주는 근본적으로 다르다.

2. 심성구지心誠求之 : 갓난아이가 원하는 것이 무엇인지 마음을 다해 알려고 한다.
3. 미유학양자이후가자未有學養子而后嫁者 : 어린아이를 낳고 양육하는 방법을 모두 배우고서 시집 가는 여자는 없다. 이는 곧 집안사람을 교육하거나 백성들을 교육하는 것이 구체적인 경험지식을 근본하지 않고 자신의 도덕적 인심仁心과 사랑(愛心)을 근거로 교화하는 것임을 강조한 것이다. 그렇다고 경험지식의 효용성을 부정하는 것은 결코 아니다. 인심과 애심이 1차적인 것이고, 지식은 그 마음을 근거로 사용되는 2차적인 것이다.

---

1 "若有疾, 惟民其畢弃咎. 若保赤子, 惟民其康乂."

주희 주

이곳에서는 『서경』을 인용하여 (제가와 치국의 도리)를 해석하고 있다. 또 가르침의 근본이 억지로 하지 않고 그 단서를 알아 그것을 미루어가는 것임을 밝히고 있다.

此引『書』而釋之, 又明立教之本不假強爲, 在識其端而推廣之耳.

❋ 전문9 제가치국 ❋

한 집안(왕실)의 가풍이 어질면 온 나라에 어진 기풍이 일어나고, 한 집안(왕실)의 가풍이 겸양하면 온 나라에 겸양의 기풍이 일어나며, 한 사람(군주)이 탐욕하여 도리를 어기면 온 나라에 혼란이 일어난다. 그러한 기틀이 이와 같다. 이것이 이른바 '한 마디 말이 일을 그르치게 하고, 한 사람이 나라를 안정시킨다'는 것이다.

一家[1]仁[2], 一國興仁, 一家讓, 一國興讓, 一人貪戾[3], 一國作亂, 其機[4]如此. 此謂一言僨[5]事, 一人定國.

역자 해설

1. 일가一家 : 한 집안으로 번역했지만, 이곳에서 '일가'는 실제로 왕실을 의미한다. 왕실에서 어진 가풍이 일어나면 나라 전체에 어진 기풍이 일어난다. 일반 여염집의 어진 가풍이 나라 전체의 어진 기풍을 조성한다는 주장은 수용하기 어렵다.
2. 인仁 : 공자의 『논어』에서 '인'은 '어짐'이라는 하나의 덕목에 제한받지 않는다. 다시 말하면 공자 철학에서 '인'은 선의지 혹은 도덕의지로서 모든 덕목의 근원이다. 그러나 이곳에서는 뒤에 겸양이라는 특수한 덕목이 출현하기 때문에 '어짐'이라는 개별적 덕목으로 번역하는 것이 타당하다.
3. 려戾 : '어기다'의 뜻이다.
4. 기機 : '기'는 기틀이라고 번역했지만, 실제 의미는 어진 기풍과 겸양의 기풍 그리고 온 나라에 혼란이 일어나는 원인을 가리킨다.
5. 분僨 : '그르치다.'

주희 주

한 사람은 군주를 말함이다. '기機'는 (그러한 사건이) 발동하는 연유이다. '분僨'은 전복되고 실패하는 것이다. 이는 교육이 나라를 완성하는 효험임을 말한 것이다.

一人, 謂君也. 機, 發動所由也. 僨, 覆敗也. 此言教成於國之效.

전문9 제가치국

요임금과 순임금은 인으로써 천하를 이끄니 백성들도 (요임금과 순임금을) 따랐다. 걸왕과 주왕은 포악함으로써 천하를 이끄니 백성들도 (걸왕과 주왕을) 따랐다. 군주가 명령하는 것이 (군주 자신이) 좋아하는 것과 반대되면 백성들은 따르지 않는다. 그러므로 군주는 자기에게 선을 실천하려는 의지가 있은 후에 다른 사람에게도 선을 실행할 것을 요구할 수 있으며, 자기에게 악을 행하려는 생각을 없게한 후에야 다른 사람의 악행을 질책할 수 있다. 자기를 미루어 타인에게 미치는 서도恕道를 갖추지 못하고서 남을 깨우쳐 줄 수 있는 사람은 없다.

堯舜[1]帥[2][率]天下以仁, 而民從之. 桀紂[3]帥天下以暴, 而民從之. 其所令反其所好[4], 而民不從. 是故君子有諸[5]己而後求諸人, 無諸己而後非諸人. 所藏乎身不恕[6], 而能喩[7]諸人者, 未之有也.

역자 해설

1. 요순堯舜 : 고대의 성왕이다. 요임금과 순임금이 실존 인물인가의 문제는 그리 중요하지 않다. 중국 춘추전국 시대에 발생한 제자백가에

서 요와 순은 모두 성왕으로 추존되고 있다. 그중 유가 철학에서는 덕화정치의 전범으로 요임금을 들고 있고, 천하의 위대한 효자로서 순임금을 든다. 요임금의 국호는 당唐이고, 순임금의 국호는 우虞이다. 요임금이 순임금에게 선양하고, 순임금은 다시 우왕禹王에게 선양했다. 이 선양 역시 유가 철학에서 긍정하는 정권 전이의 가장 이상적 방법이다.

2. 수帥 : '솔率'로서 '거느리다'는 의미이다.
3. 걸주桀紂 : 걸은 하夏나라의 마지막 군주이고, 주는 상商나라의 마지막 군주로서 모두 망국의 군주이다. 폭군의 대명사이다.
4. 기소령반기소호其所令反其所好 : 이곳에 출현하는 두 '기其' 자는 모두 명령을 내리는 군주를 지칭한다. 그 군주가 내리는 명령이 군주 자신이 좋아하는 것과 반대되면 백성들은 군주의 명령을 따르지 않는다. 즉 군주가 실제로는 포악하면서 백성들에게 인자할 것을 요구하거나, 또 군주가 실제로는 개인의 이익만을 위하면서 백성들에게 타인에 대한 배려심을 강조하면 백성들은 그러한 군주의 명령을 따르지 않는다는 것이다.
5. 저諸 : '제'로 읽어서는 안 되고 '저'로 읽어야 한다. '어於', 즉 '…에'의 의미이다. 즉 '有諸己'는 '자기에게 있다'의 의미이다.
6. 서恕 : 자기를 미루어 타인의 마음을 짐작한다는 것이다. 불서不恕는 '자기의 마음을 미루어 상대방의 마음을 헤아리지 못한다'는 뜻이다.
7. 유喩 : 사람들로 하여금 쉽게 깨닫게 해주어 받아들이게 한다.

주희 주

이는 또 위의 "한 사람이 나라를 안정시킨다"는 말을 이어서 말한 것이다. 자기에게 선함이 있은 후에 다른 사람으로 하여금 선을 실천하도록 책망할 수 있고, 자기에게서 악함이 없게 한 후에 다른 사람의 잘못을 바로 잡을 수 있다. 이는 모두 자기를 미루어 남에게 미치는 것으로 이른바 서도라는 것이다. 이와 같지 않으면 (군주가) 명령하는 것이 (군주 자신이) 좋아하는 것과 반대가 되니 백성들이 명령을 따르지 않을 것이다. '유喻'는 깨달음이다.

此又承上文一人定國而言. 有善於己, 然後可以責人之善. 無惡於己, 然後可以正人之惡. 皆推己以及人, 所謂恕也. 不如是, 則所令反其所好, 而民不從矣. 喻, 曉也.

전문9 제가치국

그러므로 나라를 다스리는 근본이 집안을 가지런히 함에 있다고 한 것이다.

故治國在齊其家.

주희 주

위 글 전체를 아울러 결론지은 것이다.

通結上文.

❈ 전문9 제가치국 ❈

『시경』(「주남·도요」)[1] 편에서 말했다. "복숭아나무의 아름다움이여! 그 잎이 무성하구나. 그 집 아가씨가 시집을 가는구나! 집안사람을 화목하게 하리로다." 그 집안사람들과 화목한 후에야 나라 사람들을 가르칠 수 있다.

『詩』云 : "桃之夭夭[2], 其葉蓁蓁[3]. 之子[4]于歸, 宜[5]其家人." 宜其家人, 而后可以教國人.

역자 해설

1. 도요桃夭 : 『시경』「주남周南·도요桃夭」 편이다. 도요시는 세 단락으로 되어있다.

복숭아나무의 아름다움이여! 그 꽃 붉고도 붉구나. 그 집안사람들을 화목하게 하리도다.

복숭아나무의 아름다움이여! 그 열매 주렁주렁 열리겠구나. 그 집안사람들을 화목하게 하리도다.

복숭아나무의 아름다움이여! 그 잎이 무성하구나. 그 집 아가씨가 시집을 가는구나! 집안사람을 화목하게 하리도다.[2]

복숭아는 미인 혹은 아름다움을 대표하는 과일이다. 『대학』에서는 복숭아의 아름다움보다는 복숭아꽃이 피어야 할 때 아름답게 피고, 열매가 열려야 할 때 주렁주렁 열리며, 잎이 무성하게 피듯이 한 가정 역시 시집가야 할 때 시집을 가고, 시집을 가서 그 가정 역시 화목하게 할 수 있음을 노래로써 칭송한 것이다.

2. 요요夭夭 : 여리면서 예쁜 모양이다.
3. 진진蓁蓁 : 무성함을 말한 것이다.
4. 지자之子 : 복숭아나무가 있는 그 집의 아가씨를 지칭한다.
5. 의宜 : 화목하다.

2 "桃之夭夭, 灼灼其華, 之子于歸, 宜其室家. 桃之夭夭, 有蕡其實, 之子于歸, 宜其家室. 桃之夭夭, 其葉蓁蓁, 之子于歸, 宜其家人."

주희 주

이 시는 『시경』「주남·도요」 편이다. '요요夭夭'는 어리고 예쁜 모양이다. '진진蓁蓁'은 아름답고 무성한 모양이 일어난다는 것이다. '지자之子'는 '이 아이'라는 말과 같으니 그 집안의 여자가 시집가는 것을 말한다. 부인이 시집가는 것을 귀歸라고 한다. '의宜'는 좋음과 같다.

『詩』「周南桃夭」之篇. 夭夭, 少好貌. 蓁蓁, 美盛貌, 興也. 之子, 猶言是子, 此指女子之嫁者而言也. 婦人謂嫁曰歸. 宜, 猶善也.

전문9 제가치국

『시경』(「소아 · 육소」)[1] 편에서 말했다. "형과 화목하고 아우와 화목한다." 형과 화목하고 아우와 화목한 후에야 나라 사람들을 가르칠 수 있다.

『詩』云 : "宜兄宜弟." 宜兄宜弟, 而后可以敎國人.

역자 해설

1. 「소아小雅·육소蓼蕭」: 이 시에서는 제후의 덕행을 찬미하고 있다. "형과 화목하고 동생과 화목한다"는 것은 제후들이 형제들과 우애하면서 화목하게 지냄을 찬미한 것이다. 제후의 형제들은 모두 제후의 계승 자격이 있는 사람들이기 때문에 서로를 질시하거나 모함하기도 한다. 『대학』에서는 이 시를 인용하여 왕실의 형제들뿐만 아니라 일반 백성들도 형제간에 화목하게 하고, 그 것을 미루어 모든 백성들이 서로 조화로운 삶을 살 수 있도록 교화하는 것이다. '육소蓼蕭'는 길게 자란 다북쑥이다.

주희 주

이 시는 『시경』「소아·육소」 편이다.

『詩』,「小雅蓼蕭」篇.

전문9 제가치국

『시경』(「조풍·시구」)[1] 편에서 말했다. "그 몸가짐에 한 치의 어그러짐이 없어야만 사방의 나라를 바르게 할 수 있다."

그가 아버지로서 (자식을 자애하고) 아들로서 (부모에게 효도하며) 형으로서 (동생을 사랑하고) 동생으로서 (형을 공경하는) 그 도리를 다하여 타인들의 충분한 모범이 된 후에야 백성들이 그것을 본받을 것이다.

『詩』云 : "其儀[2]不忒[3], 正[4]是四國[5]." 其爲父子兄弟足法, 而后民法之也.

역자 해설

1. 「조풍曹風·시구鳲鳩」: 이 편에는 네 수의 시가 있다. 이 두 구절은 그 중 세 번째 시의 일부분이다. 모두 군자의 덕을 찬송하고 있다. 시구鳲鳩는 뻐꾸기를 가리킨다. 뻐꾸기와 일곱 마리 새끼를 비유로 삼아 군자의 덕을 칭송하고 있다.
2. 의儀 : '의'는 밖으로 드러나는 것으로, 여기서는 '몸가짐'을 의미한다.
3. 특忒 : 잘못됨이다. '불특不忒'은 '몸가짐에 어그러짐이 없다'는 뜻이다.
4. 정正 : '바로 잡다'.
5. 사국四國 : 사방의 제후국을 의미한다. 『시경』에서는 원래 군자의 올바른 몸가짐에 대하여 사방의 제후국들이 칭송한다는 것을 말하고 있지만, 『대학』에서는 칭송보다는 사방의 제후국을 올바르게 다스리는 근본이 바로 제가에 있음을 강조하고 있다. 『시경』보다 정치적

인 의미가 강하다.

주희 주

이 시는 『시경』「조풍·시구」편이다. '특忒'은 어그러짐이다.

『詩』, 曹風鳴鳩篇. 忒, 差也.

❈ 전문9 제가치국 ❈

이를 일러 나라를 다스리는 근본이 집안을 가지런히 함에 있다고 한 것이다.

此謂治國, 在齊其家.

역자 해설

제가齊家와 치국治國 : 유가 철학에서 치국의 도리로서 첫 번째 내세우는 것은 예악을 통한 교화이다. 이점은 공자와 맹자 그리고 예치禮治를 주장한 순자로부터 송명리학자 모두에게 예외가 아니다. 그렇다고 유가에서 법령을 부정하는가? 그렇지 않다. 유가 철학에서는 법령과 정치 제도 그리고 예악을 통한 교화 모두를 강조한다. 비록 법령과 정치제도가 치국의 필수 불가결한 요소이지만, 오로지 그것만으로 치국을 한다면 법령에 대한 백성들의 준법의식 그리고 정부에 대한 백성들의 존경의식은 기대하기 어려울 것이다. 따라서 유가 철학에서는 법령과 정치제도 이전에 예악의 교화를 먼저 시행할 것을 주장한다. 그리고 시행의 순서는 먼저 작은 공동체인 가정이고, 이 가정에서 시행되고 있는 부모와 자녀 간의 효 그리고 형제간의 우애를 근거로 군주와 신하 간의 충, 아랫사람과 웃어른 간의 공경 도리가 확립되어야 한다. 때문에 치국의 근본이 제가에 있다고 한 것이다.

주희 주

이곳에서 인용한 세 수의 시는 모두 위에서 말한 일을 영탄한 것이고, 또 결론을 이와 같이 하여 그 의미를 더욱 심장하게 하였으니 마땅히 마음을 가라앉혀 그 의미를 완미해야 할 것이다.

此三引詩,皆以詠歎上文之事,而又結之如此.其味深長,最宜潛玩

오른쪽은 전문 9장이다. 제가와 치국을 해석한 것이다.

右傳之九章. 釋齊家治國.

3-10장
『대학』 전문 10장 치국평천하治國平天下

❈ 전문10 치국평천하 ❈

이른바 천하를 평정함이 그 나라를 다스림에 있다고 하는 것은 윗자리에 있는 사람이 (자신 집안의) 노인을 노인으로 존중하면 백성들 사이에 효의 기풍이 일어나고, 윗자리에 있는 사람이 (자신 집안의) 어른을 어른으로 존중하면 백성들 사이에 공경의 기풍이 일어나며, 윗자리에 있는 사람이 부모 없는 고아를 긍휼히 여기면 백성들이 배반하지 않기 때문이다. 그러므로 군자에게는 자기의 마음을 미루어 타인의 마음을 헤아리는 혈구지도가 있다.

所謂平天下在治其國者, 上老老[1]而民興孝, 上長長[2]而民興弟, 上恤[3]孤而民不倍[4]. 是以君子有絜矩之道[5]也.

역자 해설

1. 노로老老 : 앞의 '노' 자는 동사로서 공경하다는 뜻이고, 뒤의 '노'는 명사로서 노인을 가리킨다. 주희에 따르면, 뒤의 노인은 자신의 노인, 즉 늙은 부모를 포함한 집안의 노인장을 통칭한다. 따라서 '노로'는 노인에게 그에 상응한 대접을 한다는 것으로 이해하는 것이 합리적이다.
2. 장장長長 : 앞의 '장'은 동사로서 존중하다의 뜻이고, 뒤의 '장'은 명사로서 자신보다 나이가 많거나 존수가 높은 사람을 의미한다.
3. 휼恤 : 불쌍하게 여기다의 의미이다. 휼고恤孤는 부모의 보살핌을 받지 못하는 고아를 불쌍히 여겨 도와준다는 뜻이다.
4. 배倍 : 배신하다의 배背로 해석해야 한다.
5. 혈구지도絜矩之道 : '혈'은 '헤아리다'는 뜻이고, '구'는 직각자이다. '혈구'는 자기 마음에 있는 직각자를 근거로 타인의 마음을 헤아린다는 것이다. 내 마음에 있는 직각자와 타인의 마음에 있는 직각자는 동일하다. 따라서 내 마음의 직각자를 근거로 타인의 마음을 살피면 모든 일에 올바름을 얻을 수 있다는 것이다. 이것과 공자가 말한 충서忠恕의 '서'는 같은 의미이다.

주희 주

'노로老老'는 이른바 '자신의 노인을 노인으로 섬긴다'는 것이다. '흥興'은 마음에서 감동하고 발현하여 일어나는 바가 있다는 것이다. '고孤'라는 것은 어려서 아버지(부모)가 없는 자의 칭호이다. '혈絜'은 헤아리다의 탁度과 같다. '구矩'는 네모진 것을 만드는 도구이다. 이 세 가지는 윗자리에 있는 사람이 그것을 행하면 아랫사람들이 그것을 본받는 것이 그림자와 메아리보다 빠름을 말한 것이다. 이른바 집안(왕실)이 가지런하게 되면 나라가 올바르게 다스려지고, 또한 사람의 마음은 똑같아서 한 사람의 지아비라도 살 곳을 얻지 못함이 있게 해서는 안 된다는 것을 알 수 있다. 그러므로 군자는 반드시 그 같은 바를 근거로 미루어 남을 헤아리고, 자신과 타인 사이에 각각 분수와 소원을 얻게 하면 위아래와 사방이 모두 올바름을 얻게 되어 천하가 평정될 것이다.

老老, 所謂老吾老也. 興, 謂有所感發而興起也. 孤者, 幼而無父之稱. 絜, 度也. 矩, 所以爲方也. 言此三者, 上行下效, 捷於影響. 所謂家齊而國治也. 亦可以見人心之所同, 而不可使有一夫之不獲矣. 是以君子必當因其所同, 推以度物, 使彼我之間各得分願, 則上下四旁均齊方正, 而天下平矣.

❈ 전문10 치국평천하 ❈

윗사람에게서 느꼈던 싫어함으로 아랫사람을 부리지 않아야 한다. 아랫사람에게 느꼈던 싫어함으로 윗사람을 섬기지 말아야 한다. 앞사람에게서 느꼈던 싫어함으로 뒷사람에게 먼저 행하지 않아야 한다. 뒷사람에게 느꼈던 싫어함으로 앞사람을 따르지 않아야 한다. 오른편 사람에게서 느꼈던 싫어함으로 왼편 사람을 사귀지 말아야 한다. 왼편 사람에게서 느꼈던 싫어함으로 오른편 사람을 사귀지 말아야 한다. 이것을 일러 자기 마음을 미루어 타인의 마음을 헤아리는 혈구지도라고 하는 것이다.

所惡於上, 毋以使下[1]. 所惡於下, 毋以事上[2]. 所惡於前, 毋以先後. 所惡於後, 毋以從前. 所惡於右, 毋以交於左. 所惡於左, 毋以交於右. 此之謂絜矩之道.

역자 해설

1. 소오어상所惡於上 무이사하毋以使下 : '윗사람에게서 느꼈던 싫어함을 아랫사람에게 동일하게 행하지 말라'는 뜻이다. 윗사람이 부속직원들에게 예의를 갖추지 않고 함부로 대하면 아래의 직원들은 당연

히 싫어할 것이다. 이것이 윗사람에게 느낀 싫어함이다. 마찬가지로 자신 역시 윗자리에 서게 되면 아랫사람에게 예의를 갖추지 않고 함부로 대해서는 안 된다.

2. 소오어하所惡於下, 무이사상毋以事上 : 아랫사람에게 느꼈던 싫어함으로 윗사람을 섬기지 말라는 뜻이다. 아랫사람이 상사인 자신에 대한 태도가 불경하거나 불손하면 상사인 자신은 당연히 불쾌할 것이다. 따라서 자신 역시 상사를 섬김에 있어 불경한 태도가 없지 않은지 먼저 살펴야 한다. 전후前後와 좌우左右 모두 동일한 의미의 반복적 설명이다.

주희 주

이곳에서는 위의 혈구 두 자 의미를 반복하여 해석했다. 만일 윗사람이 나에게 무례하게 대하는 것을 원하지 않거든 반드시 이것으로써 아랫사람의 마음을 헤아려 자신 역시 감히 이러한 무례함으로써 아랫사람을 부리지 않아야 한다. 아랫사람이 자신에게 불충함을 원하지 않거든 반드시 이것으로써 윗사람의 마음을 헤아려 자신 역시 이러한 불충으로써 윗사람을 섬기지 않아야 한다. 앞과 뒤 그리고 왼편과 오른편에서도 모두 그렇게 하지 않음이 없다면 몸이 처한 상하와 사방에 길고 짧음 그리고 넓고 좁음이 피차가 이처럼 똑같아서 방정하지 않음이 없을 것이다. 저 똑같이 이러한 마음을 가진 사람이 있어 그것을 (백성들 사이에) 일으키게 한다면 어찌 한 사람의 지아비가 살 곳을 얻지 못함이 있겠는가? 꽉 잡고 있는 것은 간략하지만 미치는 바가 넓으니 이것이 바로 천하를 평정하는 핵심 원리이다. 그러므로 이 장章 안의 뜻은 모두 이로부터 미루어 간 것이다.

此覆解上文絜矩二字之義. 如不欲上之無禮於我, 則必以此度下之心, 而亦不敢以此無禮使之. 不欲下之不忠於我, 則必以此度上之心, 而亦不敢以此不忠事之. 至於前後左右, 無不皆然, 則身之所處, 上下·四旁·長短·廣狹, 彼此如一, 而無不方矣. 彼同有是心而興起焉者, 又豈有一夫之不獲哉. 所操者約, 而所及者廣, 此平天下之要道也. 故章內之意, 皆自此而推之.

전문10 치국평천하

『시경』(「소아·남산유대」)[1] 편에서 말했다. "즐거우신 군자여! 백성들의 부모이시다!" 백성들이 좋아하는 것을 좋아하고, 백성들이 싫어하는 것을 싫어했다. 이를 일러 백성들의 부모라고 하는 것이다.

『詩』云 : "樂只君子, 民之父母." 民之所好好之, 民之所惡惡之[2]. 此之謂民之父母.

역자 해설

1. 「소아小雅·남산유대南山有臺」: 『시경』「소아·남산유대」 편에는 시 5수가 있는데, 이 시는 세 번째 시이다. 그 내용은 다음과 같다.

> 남산에는 구골나무가 있고, 북산에는 오얏나무가 있구나.
> 즐거우신 군자여! 백성들의 부모이시다!
> 즐거우신 군자여! 칭송이 끝이 없구나.[1]

이 모두 군자의 덕업德業에 대한 백성들의 칭송이다.

2. 민지소호호지民之所好好之, 민지소오오지民之所惡惡之 : 백성들이 좋아하는 것을 좋아하고, 백성들이 싫어하는 것을 싫어한다. 이는 맹자가 말한 백성들과 좋아함과 싫어함을 함께 한다는 여민동호오與民同好惡와 같은 주장이다.

주희 주

이 시는 『시경』「소아·남산유대」 편이다. '지只' 자는 어조사이다. 이곳에서는 혈구하여 백성의 마음을 자신의 마음으로 삼을 수 있다면 백성 사랑하기를 마치 자식을 사랑하는 것처럼 하기 때문에

---

1 "南山有杞, 北山有李. 樂只君子, 民之父母. 樂只君子, 德音不已."

백성들도 (군주) 사랑하기를 마치 부모님 사랑하듯이 할 것임을 말한 것이다.

『詩』, 「小雅·南山有臺」之篇. 只, 語助辭. 言能絜矩而以民心爲己心, 則是愛民如子, 而民愛之如父母矣.

전문10 치국평천하

『시경』(「소아·절남산」)[1] 편에서 말했다. "깎아지른 듯 저 남산이여! 큰 바위가 우뚝우뚝 솟아 있구나! 빛나고 빛나는 태사 윤씨여! 백성들이 모두 그대를 우러러보는구나!" 나라를 소유하고 있는 사람은 (자신의 태도를) 삼가지 않으면 안 된다. (군주가 어떤 것에) 치우치게 되면 천하의 죄인이 되어 죽임을 당하게 된다.

『詩』云: "節彼南山[2], 維石巖巖[3]. 赫赫[4]師尹[5], 民具爾瞻[6]." 有國者[7]不可以不愼, 辟[8]則爲天下僇[9]矣.

역자 해설

1. 「소아小雅·절남산節南山」: 이곳에는 시 10수가 있는데, 이 시는 그중 첫 번째 시이다. 내용은 다음과 같다.

> 깎아지른 듯 저 남산이여!
> 큰 바위가 우뚝우뚝 솟아 있구나!
> 빛나고 빛나는 태사 윤씨여!
> 백성들이 모두 그대를 우러러보는구나!
> 걱정스러운 마음은 마치 가슴에 타는 것 같구나!
> 감히 희언[농담] 하나 못하는구나!
> 나라의 기운이 끊어지려고 하는데,
> 어찌하여 살피지 않은가?[2]

『시경』의 원문을 보면, 『대학』과 『시경』의 의도가 약간 다름을 알 수 있을 것이다. 『대학』에서는 뒤 두 구절을 인용하지 않았다. "나라의 기운이 끊어지려고 하는데, 어찌하여 살피지 않은가"라는 탄식을 보면 태사 윤씨의 덕행이 올바르지 못했음을 알 수 있다. 백성들이 우러러보는 것은 삼공三公 중의 하나인 윤씨의 지위가 남산처럼 높기 때문일 뿐이다. 『대학』에서는 이 두 구절을 인용하지 않았기 때문에 태사 윤씨의 덕업을 칭송하고 있는 것 같은 인상을 주

2 "節彼南山. 維石巖巖. 赫赫師尹. 民具爾瞻. 憂心如惔. 不敢戲談. 國既卒斬. 何用不監."

기도 한다. 그렇지만 마지막에 "나라를 소유하고 있는 사람은 (자신의 태도를) 삼가지 않으면 안 된다. (군주가 어떤 것에) 치우치게 되면 천하의 죄인이 되어 죽임을 당하게 된다"는 구절을 보면, 『대학』에서도 태사 윤씨가 곧 백성들에 의해 죽임을 당할 수도 있다는 것을 경고하고 있음을 알 수 있다.

2. 절피남산節彼南山 : '절節'은 깎아지른 듯 높은 산을 형용한다. 남산은 지금의 섬서성陝西省 종남산終南山이다.
3. 유석암암維石巖巖 : 유維는 발어사이고, 암巖은 많은 바위들을 형용한 것이다.
4. 혁혁赫赫 : 혁혁은 빛나고 빛남이다. 이는 태사 윤씨의 덕망이 아니라 삼공이라는 지위가 높음을 의미한다.
5. 사윤師尹 : 태사 윤씨이다.
6. 민구이첨民具爾瞻 : '구具'는 모두(俱)의 의미이고, '이爾'는 '그대', 즉 태사 윤씨이며, '첨瞻'은 우러러보다는 뜻이지만, 이 역시 태사의 덕망이 아니라 삼공인 태사의 지위를 우러러볼 뿐이다.
7. 유국자有國者 : '나라를 소유한 사람'으로 번역했지만, 이곳에서는 태사 윤씨를 주체로 삼고 있기 때문에 정치의 주요 핵심 인물을 지칭한다.
8. 벽辟 : 치우치다(偏).
9. 륙僇 : 죽임을 당하다.

주희 주

이 시는 『시경』「소아·절남산」 편이다. '절節'은 깎아지른 것처럼 높고 큰 모양이다. '사윤師尹'은 태사 윤씨이다. '구具'는 모두(俱)의 의미이다. '벽辟'은 치우치다(偏)의 의미이다. 윗자리에 있는 사람은 사람들이 우러러보고 있으니 자신을 삼가지 않으면 안 됨을 말한 것이다. 만일 혈구로써 사람들의 마음을 헤아리지 못하고 좋아함과 싫어함을 자기중심으로 하면 그 몸은 시해당하고 나라는 망하게 되기 때문에 천하의 큰 죽임이 될 것이다.

『詩』, 小雅節南山之篇. 節, 截然高大貌. 師尹, 周太師尹氏也. 具, 俱也. 辟, 偏也. 言在上者人所瞻仰, 不可不謹. 若不能絜矩而好惡徇於一己之偏, 則身弑國亡, 爲天下之大戮矣.

전문10 치국평천하

『시경』(「대아 · 문왕」)[1] 편에서 말했다. "은나라가 민심을 잃지 않았을 때는 (그 덕이) 상제와 합치할 수 있었다. 마땅히 은나라를 본보기로 삼아야 한다. 위대한 천명을 보존하기가 결코 쉽지 않다." 백성의 (마음을) 얻으면 나라를 얻고,백성의 마음을 잃으면 나라를 잃음을 말한 것이다.

『詩』云 : "殷之未喪師[2], 克[3]配[4]上帝. 儀[5]監於殷[6], 峻命[7]不易[8]." 道[9]得衆, 則得國, 失衆, 則失國.

역자 해설

1. 「대아大雅·문왕文王」: 「대아·문왕」 편에는 7수의 시가 있는데, 이 시는 여섯 번째 시 중의 일부이다. 원래 상(은)은 하왕조의 걸왕이 천명을 상실하자 탕왕이 민심을 얻어 천명을 받아 건립한 왕조이다. 탕왕이 민심을 얻었다는 것은 탕왕의 덕업이 상제와 합치했음을 의미한다. 그러나 후대의 자손들이 천명을 올바르게 보존하지 못했고, 주紂왕 시대에 이르러 결국 주周 무왕에게 천명을 빼앗겼다. 『대학』에서는 민심과 천명을 일체화하여 민심이 곧 천명이고, 천명이 곧 민심임을 밝혀 민심을 얻고 잃음이 곧 나라를 얻고 잃음의 관건임을 강조하고 있다.
2. 사師 : 백성을 의미한다.
3. 극克 : '할 수 있다'의 능能이다.
4. 배配 : 합치하다.
5. 의儀 : '마땅히'의 '의宜'와 같다.
6. 감어은監於殷 : '은을 본받는다'는 것은 은왕조가 어떻게 천명을 얻어 왕조를 세울 수 있었고, 무엇 때문에 천명을 잃어 망국의 지경에 이르렀는가를 살피라는 의미이다.
7. 준명峻命 : 천명의 위대함을 형용한 것이다.

8. 불이不易 : 위대한 천명을 보존하고 유지하는 것이 결코 쉽지 않음을 강조한 것이다.

9. 도道 : '말하다'의 설說·언言과 같다.

주희 주

이 시는 『시경』「대아·문왕」 편이다. '사師'는 민중이다. '배配'는 마주하다의 대對이다. '배상제'는 천하의 군주가 되어 상제와 마주하다는 의미이다. '감監'은 보다의 뜻이다. '준峻'은 크다의 의미이다. '불이不易'는 보존하기가 쉽지 않음을 말한 것이다. '도道'는 '말하다'이다. 이 시는 위의 두 시에 대한 결론이다. 천하를 가진 사람이 이 마음을 보존하고 잃지 않을 수 있으면 혈구의 원리를 적용하여 백성들과 함께 하고자 함을 그만둘 수 없을 것이다.

『詩』, 文王篇. 師, 衆也. 配, 對也. 配上帝, 言其爲天下君, 而對乎上帝也. 監, 視也. 峻, 大也. 不易, 言難保也. 道, 言也. 引詩而言此, 以結上文兩節之意. 有天下者, 能存此心而不失, 則所以絜矩而與民同欲者, 自不能已矣.

❈ 전문10 치국평천하 ❈

그러므로 군자는 먼저 (자신을) 근신하면서 덕을 배양해야 한다. 덕을 갖추면 곧 백성들이 있게 되고, 백성들이 있으면 국토가 있게 되며, 국토가 있으면 재화가 생기고, 재화가 생기면 쓰임이 있게 된다.

是故君子先愼乎德[1]. 有德, 此有人[2]. 有人, 此有土[3]. 有土, 此有財[4]. 有財, 此有用.

역자 해설

1. 덕德 : 『대학』 경문에서 말한 명덕을 가리킨다.
2. 차유인此有人 : '차此'는 '이것'의 의미가 아니라 '곧'의 의미이다. '유인'은 '백성들이 있게 된다'로 번역했지만, 실제 의미는 백성들이 군주를 믿고 따른다는 것이다.
3. 유토有土 : '토'는 국토를 의미한다.
4. 재財 : 국가를 운영하는 데 사용되는 경비이다.

주희 주

먼저 (자신을) 근신하면서 덕을 배양해야 한다는 것은 앞 장의 "(나라를 소유하고 있는 사람은 자신의 태도를) 삼가지 않으면 안 된다"는 말을 계승하여 말한 것이다. '덕德'은 이른바 밝은 덕성을 가리킨다. '유인有人'은 백성들을 얻게 된다는 것이다. '유토有土'는 국가를 얻는다는 것이다. 나라가 있게 되면 재화의 부족함을 걱정하지 않아도 된다.

先愼乎德, 承上文不可不愼而言. 德, 卽所謂明德. 有人, 謂得衆. 有土, 謂得國. 有國則不患無財用矣.

❈ 전문10 치국평천하 ❈

덕은 근본이고, 재화는 끝이다.

德者本也, 財者末也.

주희 주

위 문장을 근본으로 하여 말한 것이다.

本上文而言.

전문10 치국평천하

근본을 밖으로 하고, 끝을 안으로 하는 것은 백성들을 서로 다투게 하여 탈취하는 것을 가르치는 것이다.

外本內末[1], 爭民施奪[2].

역자 해설

1. 외본내말外本內末 : 주희는 덕이 본이고, 재화가 끝이라고 했다. 그렇지만 내외와 본말은 층층의 선후관계로도 설명할 수 있다. 즉 덕이 있어야만 백성이 모이기 때문에 덕이 근본이고, 백성이 끝이다. 민심을 얻어야만 국토가 생기기 때문에 민심이 근본이고, 국토가 끝이다. 국토가 있어야만 재화가 생기기 때문에 국토가 근본이고 재화가 끝이다. 그러나 이중에서 가장 먼저 시작되는 것이 명덕이기 때문에

덕이 근본이고 재화가 끝이라고 해도 무방하다.

2. 쟁민시탈爭民施奪 : 재화를 근본으로 하고 덕을 끝으로 하면 백성들도 재화를 모으기 위하여 남을 해칠 것이다. 따라서 군주가 재화를 근본으로 하고 덕을 끝으로 하는 행동을 한다면 백성들을 다투게 하여 서로 빼앗는 것을 가르치는 것과 마찬가지이다.

주희 주

군주가 덕을 바깥으로 삼고, 재화를 안으로 삼으면 이는 곧 백성들을 싸우게 하여 서로 빼앗는 가르침을 베푸는 것이다. 재물이란 사람들이 서로 똑같이 얻고자 하는 것이니 (자기의 마음으로써 타인의 마음을 헤아리는) 혈구를 하지 못하고 독차지 하려고 하면 백성들도 일어나 서로 다투면서 빼앗고자 할 것이다.

人君以德爲外, 以財爲內, 則是爭鬪其民, 而施之以劫奪之敎也. 蓋財者人之所同欲, 不能絜矩而欲專之, 則民亦起而爭奪矣.

전문10 치국평천하

그러므로 재물이 모이면 백성들은 사라지고, 재물이 흩어지면 백성들이 모이게 된다.

是故財聚則民散[1], 財散則民聚[2].

역자 해설

1. 재취즉민산財聚則民散 : 이 구절에 대해서는 오해가 없어야 한다. 국가에 재물이 모이면 백성들이 국가를 떠난다는 의미가 아니라 군주가 재물 축재에 혈안이 되어 모든 국가의 재물을 독차지하면 백성들이 그 군주를 떠난다는 의미이다.
2. 재산즉민취財散則民聚 : 군주가 재물을 독차지하지 않고 백성들에게 베풀어주면 백성들이 군주를 신뢰하여 모이게 된다는 뜻이다.

주희 주

근본을 밖으로 하고 끝을 안으로 하기 때문에 재물이 (군주에게만) 모이는 것이고, 백성들을 다투게 하여 서로 탈취하는 것을 가르치기 때문에 백성들이 (그 군주에게서) 떠나는 것이다. 이것과 반대로 덕을 갖추면 백성들이 모이게 된다.

外本內末故財聚, 爭民施奪故民散, 反是則有德而有人矣.

❁ 전문10 치국평천하 ❁

그러므로 거슬리는 말을 하면 역시 거슬리는 말이 돌아온다. 부정하게 들어온 재화는 역시 부정하게 나간다.

是故言悖而出者, 亦悖而入[1]. 貨悖而入者, 亦悖而出[2].

역자 해설

1. 언패이출자言悖而出者, 역패이입亦悖而入 : 이곳에서는 주어가 '말(言)'이지만 그것에 제한되지 않는다. 즉 도리에 어긋나 나가는 것은 마찬가지로 들어오는 것 역시 도리에 어긋나 들어온다는 것이다. 군주가 백성을 자애롭게 여겨야 함에도 불구하고 백성들을 착취하고 살육을 가한다면 백성들 역시 군주에게 충성을 하지 않고 군주의 지위에서 그를 축출하려고 한다.
2. 화패이입자貨悖而入者, 역패이출亦悖而出 : 군주가 오로지 재물만을 탐하여 모든 것을 독점하려고 하면 백성들 역시 군주를 떠나거나 아니면 민심을 얻은 새로운 지도자를 찾아 옛날 군주를 축출하고 모든 재화를 빼앗는다.

주희 주

'패悖'는 어그러짐이다. 이는 말의 들어옴과 나가는 원리로써 재화의 들어옴과 나감을 설명한 것이다. "먼저 (자신을) 근신하면서 덕을 배양해야 한다"에서부터 이곳에 이르기까지, 재화를 근거로 하여 혈구할 수 있는 사람과 혈구할 수 없는 사람의 득실을 밝히고 있다.

悖, 逆也. 此以言之出入, 明貨之出入也. 自先愼乎德以下至此, 又因財貨以明能絜矩與不能者之得失也.

전문10 치국평천하

(『서경』)「강고」에서 말했다. "천명은 (한 사람에게) 영원히 내려주지 않는다." 이는 선을 행하면 천명을 얻고, 선하지 못한 일을 행하면 천명을 잃음을 말한 것이다.

「康誥」曰 : "惟命不於常[1]." 道善則得之, 不善則失之矣.

역자 해설

1. 유명불어상惟命不於常 : 천명은 어떤 한사람 혹은 한 집안에게 영원히 간직되어 있지 않다. 상(은)왕조는 천명설을 근거로 백성을 지배했지만, 주왕조에서는 천명은 한 사람에게 영원히 간직되어 있지 않다는 천명미상설天命靡常說을 내세우면서 항상 근신할 것을 자손들에게 훈계했다. 천명미상설은 축록설逐鹿說과 같은 것이다. 녹鹿은 사슴인데, 천명을 비유한다. 사슴은 한 사람에게 다가오는 것이 아니라 열심히 쫓는 사람만이 잡을 수 있고, 한 번 잡았다고 영원히 그곳에 있는 것이 아니라 느슨하면 바로 도망친다. 따라서 사슴이 자신의 품에서 떠나지 않도록 꽉 잡고 있어야 하는데, 사슴의 마음(天心)이 곧 백성들의 마음(民心)이기 때문에 항상 여론을 살펴 민심이 왕실로부터 이반되지 않도록 근신해야 한다.

주희 주

'도道'는 말함이다. 위「문왕」시의 뜻을 근거로 다시 한 번 펼쳐 말한 것이다. 그 간절하게 반복한 뜻이 더욱 깊고 절실하다.

道, 言也. 因上文引文王詩之意而申言之, 其丁寧反覆之意益深切矣.

❈ 전문10 치국평천하 ❈

『초서』에서 말했다. "초나라에는 보배로 삼을 만한 물건이 없다. 오로지 선한 사람을 보배로 삼을 뿐이다."

『楚書』[1]曰 : "楚國無以爲寶. 惟善以爲寶."

역자 해설

1. 『초서楚書』 : 초나라의 소왕昭王 때의 역사책이다. 『초서』에 다음과 같은 내용이 있다. "초나라의 대부인 왕손어王孫圉가 진晉 정공定公을 위하여 연회를 베풀었는데, 그 자리에서 진나라 대부인 조앙(趙鞅一趙簡子)이 옥을 댕그랑거리면서 물었다. '초나라에도 이 같은 구슬(白珩)이 있는가'라고 묻자 '초나라에서 보배로 여기는 것은 관사부觀射父와 의상倚相이다. 관사부는 훈사訓辭에 능통하여 우리나라 사신들이 다른 나라에 갈 때 우리 군주에게 시비가 생기지 않도록 했고, 좌사左史 의상은 훈전訓典에 능통하여 우리 군주들이 선왕의 업적을 망각하지 않도록 훈계시켜 주었다. 이들 때문에 우리들은 주변국 군주들에게 죄를 짓지 않게 되었고, 백성들을 보존할 수 있었다. 이 두 사람이 초나라의 보배이다. 옥구슬(白珩)은 군주의 노리개일 뿐 어떻게 그것을 초나라의 보배라고 할 수 있는가"라고 했다. 또 유향劉向의 『신서新序』에도 "초나라에서 보배로 삼는 것은 현인이다"는 기록이 있지만 현인이 누구인지는 소개하지 않고 있다.

주희 주

『초서』는 (『국어國語』)의 「초어」이다. 금은과 옥석을 보배로 여기지 않고 선한 사람을 보배로 여김을 말한 것이다.

『楚書』, 「楚語」. 言不寶金玉而寶善人也.

전문10 치국평천하

구범이 말했다. "망명한 사람은 보배로 삼을 것이 없고 부모를 사랑하는 마음을 보배로 삼는다."

舅犯[1]曰: "亡人[2]無以爲寶, 仁親以爲寶."

역자 해설

1. 구범舅犯 : 춘추전국 시대 춘추 오패 중의 한 사람인 진晉 문공文公의 외숙인 호언狐偃이다. 호언은 진문공이 망명할 때 문공을 따라 망명했고, 문공이 진나라의 왕이 되자 대부로 임명되었다.
2. 망인亡人 : 국외에서 망명한 사람을 지칭한다. 이곳에서 망인은 진晉의 22대 군주인 중이重耳를 가리킨다. 문공은 진晉 헌공獻公의 서자

였고, 견융犬戎 공녀의 소생이었다. 헌공의 애첩인 여희驪姬의 흉계로 진나라에서 쫓겨난 뒤 호언狐偃·호모狐毛·조쇠趙衰·위주魏犨·호사고狐射姑·전힐顚頡·개자추介子推·선진先軫·호숙壺叔 등 충신들의 보좌를 받으면서 천하를 주유했다. 이 과정에서 모욕도 많이 받았지만, 세상사에 대한 풍부한 견문과 처세의 경험을 쌓을 수 있었고, 정치에 관한 경륜과 안목도 키울 수 있었다. 회공懷公이 물러나자 진의 군주가 되었다. 그 때 나이 62세였지만, 공명정대한 정치로 내정을 튼튼히 하고 군사와 경제를 부흥시켜 성복城濮 전투에서 초나라의 대군을 격파해 중원 지역을 안정시켰으며, 천토踐土에서 중원 제후들을 소집하여 그들을 복종시킴으로서 제齊 환공桓公에 이어 춘추시대 두 번째 패자가 되었다. 그가 패자로 군림한 시간은 그리 길지 않았지만 그의 패업은 후대에 깊은 영향을 남겼다.

주희 주

구범은 진문공의 외숙 호언이며 자는 자범이다. '망인亡人'이라고 한 것은 문공이 당시 공자(왕자)로서 국외에서 망명하였기 때문이다. '인仁'은 사랑함이다. 이 일은 「단궁」 편에 보인다. 이 두 구절은 또 근본을 밖으로 삼고 끝을 안으로 삼지 않아야 한다는 뜻을 밝힌 것이다.

舅犯, 晉文公舅狐偃, 字子犯. 亡人, 文公時爲公子, 出亡在外也. 仁, 愛也. 事見檀弓. 此兩節又明不外本而內末之意.

❋ 전문10 치국평천하 ❋

(『서경』)「진서」에서 말했다. "어떤 한 신하가 있었다고 하자. (그 사람은) 그저 성실하기만 할 뿐 다른 재주가 없는데, 그 마음이 여유롭고 넓어 남을 포용할 수 있는 아량이 있는 것 같았다. 그가 남이 가지고 있는 재주를 마치 자기가 가지고 있는 것처럼 생각하고, 남의 훌륭한 재화才華와 성스러운 인품을 그 마음으로 좋아하여 입으로 칭찬하는 것에만 그치지 않는다면, 그는 실제로 남을 포용할 수 있는 사람이기 때문에 우리 자손과 백성을 보존할 수 있고, (나라에도) 도움이 될 것이다. 남이 가진 재주를 시기하고 질투하여 싫어하며, 남의 훌륭하고 성스러운 인품을 가로막아 통하지 못하게 하면, 그런 사람은 남을 포용할 수 없기 때문에 우리 자손과 백성들을 보존할 수 없으니 (나라도) 위태로울 것이다."

「秦誓」[1]曰 : "若有一個臣[2]. 斷斷兮[3], 無他技[4], 其心休休[5]焉, 其如有容[6]焉. 人之有技, 若己有之[7], 人之彥聖[8], 其心好之, 不啻若自其口出[9], 寔[10]能容之, 以能保我子孫黎民, 尚亦有利[11]哉. 人之有技, 媢嫉[12]以惡之. 人之彥聖而違[13]之, 俾不通[14]. 寔不能容, 以不能保我子孫黎民[15], 亦曰殆哉."

역자 해설

1. 「진서秦誓」: 『서경』「주서周書」의 편명이다. 이곳에는 진秦 목공穆公과 건숙蹇叔의 고사가 기록되어 있다. 목공이 건숙의 충간을 무시하고 정鄭나라를 공격하자 진晉나라가 정나라를 도와 목공을 막았다. 이 전쟁에서 목공은 효殽라는 곳에서 패했다. 목공이 건숙의 권고를 듣지 않은 것을 후회하면서 맹세의 글을 지어 여러 사람들에게 알린 것이 바로 「진서」이다.
2. 약유일개신若有一個臣 : '이곳에 어떤 한 신하가 있다고 가정해보자.' 이 신하는 건숙일 것이다.
3. 단단혜斷斷兮 : 성실한 모양.
4. 무타기無他技 : 특별한 재능이 없다.
5. 휴휴休休 : 선을 즐기는 넓고 여유로운 마음을 형용한 말이다.
6. 기여유용其如有容 : '기其'는 추측을 나타낸다. '남을 포용할 수 있는 아량이 있는 것 같았다.'
7. 인지유기人之有技, 약기유지若己有之 : 남이 어떤 특별한 재주를 갖고 있으면 마치 자기가 그러한 재주를 가지고 있는 것처럼 그 재주를 높게 평가해준다는 뜻이다.
8. 언성彥聖 : '언彥'은 재화才華가 출중한 지식인을 의미하고, '성聖'은 도리에 통달한 인품을 의미한다.
9. 불시약자기구출不啻若自其口出 : 그저 입으로만 칭찬하는 것에 그치지 않는다. 즉 진실로 마음으로 좋아함을 의미한다.
10. 식寔 : 공영달은 『예기정의』에서 '실實'로 해석했다.

11. 상역유리尙亦有利 : '상尙'은 '거의'의 뜻이다. '나라에 이익이 있을 것이다.'

12. 모질媢嫉 : 시기하고 질투하다.

13. 위違 : 주희는 '불려拂戾' 즉 '어기다'로 해석했는데, 뒤 구절과 연결하면 '가로막다'로 해석하는 것이 합리적이다.

14. 비불통俾不通 : '비俾'는 '이르게 하다'는 뜻이다. 불통不通은 위로는 군주와 통하지 못하고, 아래로는 백성들과 통하지 못한다는 뜻이다. '비불통'은 '상하 모두 통하지 못하게 하다'는 의미이다.

15. 여민黎民 : 일반 백성을 가리킨다.

주희 주

「진서」는 「주서」의 편명이다. '단단斷斷'은 성실하고 순일한 모양이다. '언彦'은 아름다운 선비이다. '성聖'은 이치에 통달하고 밝은 사람이다. '상尙'은 '거의'의 뜻이다. '모媢'는 시기함이다. '위違'는 어김이다. '태殆'는 위험하다는 뜻이다.

秦誓, 周書. 斷斷, 誠一之貌. 彦, 美士也. 聖, 通明也. 尙, 庶幾也. 媢, 忌也. 違, 拂戾也. 殆, 危也.

전문10 치국평천하

오로지 인한 사람만이 (악한 자를) 추방하여 사방 오랑캐 땅으로 내쫓아 중국과 함께 하지 못하게 할 수 있다. 이것이 바로 오로지 인한 사람만이 (선한 사람을) 사랑할 수 있고, (악한 사람을) 미워할 수 있다는 것이다.

唯仁人放流[1]之, 迸[2]諸四夷[3], 不與同中國. 此謂唯仁人爲能愛人, 能惡人[4].

역자 해설

1. 방류放流 : 추방하다.
2. 병迸 : '내쫓다'의 병摒과 같은 의미이다.
3. 사이四夷 : 동이東夷와 서융西戎 그리고 북적北狄과 남만南蠻 등 문화적 수준이 낙후된 사방의 민족을 가리킨다.
4. 유인인위능애인唯仁人爲能愛人, 능오인能惡人 : 『논어』「이인里仁」에 "오로지 인한 사람만이 사람을 좋아할 수 있고, 미워할 수 있다(惟仁者, 能好人, 能惡人)"는 말과 같다. 이는 '좋아함과 싫어함을 도덕이성에 의거하여 판단하고 그것에 따라서 마땅히 사랑해야 하고 좋아해야 할 사람에 대해서는 긍정의 태도를 취하고, 마땅히 미워해야 할 사람에 대해서는 부정의 태도를 취한다'는 의미이다.

주희 주

'병迸'은 쫓아내다의 의미이다. 미워하고 시기하는 사람이 있어 현자를 방해하고 나라를 병들게 하면 인한 사람은 반드시 그러한 사람을 깊게 미워하고 그들과 통렬하게 단절한다. (인한 사람은) 지극히 공정하고 사사로움이 없기 때문에 이처럼 좋아함과 싫어함에 올바름을 얻을 수 있는 것이다.

迸, 猶逐也. 言有此媢疾之人, 妨賢而病國, 則仁人必深惡而痛絕之. 以其至公無私, 故能得好惡之正如此也.

전문10 치국평천하

현자를 보고서도 그를 등용하지 못하고, 설사 등용하더라도 먼저 중용하지 않는 것은 태만함이다. 선하지 못한 사람을 보고서도 물리치지 못하고, 설사 물리쳤다고 할지라도 멀리 추방하지 않은 것은 잘못이다.

見賢而不能擧[1], 擧而不能先, 命[2][慢·怠]也. 見不善而不能退, 退而不能遠, 過也.

역자 해설

1. 거擧 : 등용하다.

2. 명命 : 정현은 '명命' 자는 '만慢' 자를 잘못 기록한 것이라고 주장했고, 정이는 '태怠'라고 했다. 거의 동일한 의미이다.

주희 주

'명命'에 대하여 정현은 "마땅히 만慢으로 해야 한다"고 말하였다. 정자는 "마땅히 태怠로 해야 한다"고 하였다. 누구의 말이 옳은지에 대해서는 상세하게 살피지 않았다. 이와 같은 사람은 사랑하고 미워해야 할 바를 알지만 사랑하고 미워하는 도리를 다하지 못하였기 때문에 군자(군주)라고는 할 수 있으나 아직 인자의 경지에는 이르지 못한 것이다.

命, 鄭氏云:"當作慢." 程子云:"當作怠." 未詳孰是. 若此者, 知所愛惡矣, 而未能盡愛惡之道, 蓋君子而未仁者[1]也.

역자 해설

1. 군자이미인자君子而未仁者 : 직역을 하면 '군자라고 할 수 있지만 아직 인자의 경지에는 이르지 않았다'라고 해야 한다. 그러나 유가 철

학에서 군자와 인자는 동일한 경지에 이른 사람이다. 따라서 여기서 '군자'는 도덕적 인품의 완성자인 군자가 아니라 인재를 등용할 수 있는 지위에 있는 사람, 즉 군주라고 하는 것이 합리적이다.

전문10 치국평천하

다른 사람들이 싫어하는 것을 좋아하고, 다른 사람들이 좋아하는 것을 싫어하는 것을 일러 사람의 본성을 거스르는 것이라고 한다. 이러한 자는 재앙이 반드시 그의 몸에 미치치게 될 것이다.

好人之所惡, 惡人之所好, 是謂拂[1]人之性. 菑[2]必逮[3]夫身.

역자 해설

1. 불拂 : 거스르다.
2. 재菑 : 재災와 같다. 즉 재앙의 의미이다.
3. 체逮 : 미치다 혹은 이르다.

주희 주

'불拂'은 거스름이다. 선을 좋아하고 악을 싫어하는 것은 사람의 본성이다. 사람의 본성을 어기는 것은 인하지 못한 것 중에서 심한 것에 해당한다. 『진서』에서부터 여기까지 또 모두 좋아함과 싫어함을 공적인 마음으로 하는 것과 사적인 마음으로 하는 차이를 지극하게 펼쳐 말하여 위에서 인용한 「남산유대」와 「절남산」의 의미를 밝혔다.

拂, 逆也. 好善而惡惡, 人之性也. 至於拂人之性, 則不仁之甚者也. 自秦誓至此, 又皆以申言好惡公私之極, 以明上文所引南山有臺·節南山之意.

전문10 치국평천하

그러므로 군자에게는 (자기를 수양하고 타인을 다스리는) 방법이 있는데, 마음을 진실하게 하고 믿음이 있게 하면 (그것을) 얻을 수 있고, 오만하고 방자하면 (그것을) 잃는다.

是故君子有大道[1], 必忠[2]信以得之, 驕泰[3]以失之.

역자 해설

1. 대도大道 : '위대한 도'라고 번역할 수도 있지만, 필자는 주희의 견해에 따라 '자기를 수양하고 타인을 다스리는 방법'으로 해석했다.
2. 충忠 : '충' 자는 '중中'과 '심心' 자의 결합이다. 마음이 '중'의 상태를 유지하는 것이 바로 '충'인데, 이는 곧 마음에 사사로운 편견과 선입견이 없어야 함을 말한 것이다. 따라서 충은 '진실하다'로 해석해야 한다.
3. 교태驕泰 : 오만방자함을 의미한다.

주희 주

군자는 그 지위로써 말을 해야 한다. '도道'는 그 지위에 합당하게 자신을 수양하고 타인을 다스리는 방법을 말한 것이다. 자기로부터 발동하여 자기를 다하는 것을 '충忠'이라 하고, 남을 따라 어김이 없는 것을 '신信'이라고 한다. '교驕'는 높음을 자랑하는 것이고, '태泰'는 사치하고 방자함이다. 이는 위에서 인용한 「문왕」과 「강고」를 근거로 말한 것이다. 이 장 안에서 득과 실에 관하여 세 차례 말하였는데, 말할수록 (그 의미가) 더욱 간절하다. 이는 이곳에 이르러 천리가 보존되고 망실되는 기틀이 결정되기 때문이다.

君子, 以位言之. 道, 謂居其位而修己治人之術. 發己自盡爲忠, 循物無違謂信. 驕者矜高, 泰者侈肆. 此因上所引文王 康誥之意而言. 章內三言得失, 而語益加切. 蓋至此而天理存亡之幾決矣.

전문10 치국평천하

재화를 생산함에는 방법이 있다. 그것은 생산하는 자를 많게하고 먹는 사람을 적게하며, 일 하는 것을 빠르게 하고, 쓰는 것을 느리게 하면 재화는 항상 충족될 것이다.

生財有大道[1], 生之者衆[2], 食之者寡[3]. 爲之者疾[4], 用之者舒[5], 則財恆足[6]矣.

역자 해설

1. 대도大道 : 이곳에서는 '방법'으로 해석해야 한다.
2. 생지자중生之者衆 : '생산자를 많게 한다'는 것은 무위도식無爲徒食하는 사람을 적게 한다는 의미이다.
3. 식지자과食之者寡 : "먹는 사람을 적게 한다"는 것은 백성들을 줄인다는 의미가 아니라 조정에서 실질적인 임무도 없으면서 자리만 차지하고 있는 사람을 적게 한다는 뜻이다.

4. 위지자질爲之者疾 : 질疾은 '빠르다'의 뜻이지만 여기서는 '부지런하다'로 해석하는 것이 합리적이다. 즉 농번기에 전쟁과 부역으로 농민을 동원하지 않으면 백성들은 농사에 전념하여 생산을 빨리 추진할 수 있다.

5. 용지자서用之者舒 : 서舒는 '느리다'의 뜻이지만, 여기서는 '절약하다' 혹은 '아끼다'로 해석해야 한다. 불필요한 관리를 없애고, 위인설관爲人設官을 하지 않는다.

6. 재항족財恆足 : 국가의 재정이 항상 넉넉하다는 뜻이다.

주희 주

여씨가 말했다. "나라에 노는 백성이 없다는 것은 생산하는 사람이 많다는 것이다. 조정에 요행의 자리가 없다는 것은 (불필요한 봉록을) 먹는 사람이 적다는 것이다. 농사철을 빼앗지 않는 것이 생산을 빨리 하게 하는 것이다. 수입을 잘 헤아려서 지출을 하는 것이 쓰기를 느리게 하는 것이다." 내가 생각하건대, 이는 국토가 있으면 재화가 있다는 것을 근거로 말한 것인데, 나라를 풍족하게 하는 방법은 근본에 힘쓰고 아껴 쓰는 것에 있으며, 반드시 근본을 밖으로 하고 끝을 안으로 하지 않은 후에야 재화가 모인다는 것을 밝힌 것이다. 이곳에서부터 마지막까지 모두 같은 뜻이다.

呂氏[1]曰 : "國無游民[2], 則生者衆矣. 朝無幸位[3], 則食者寡矣. 不奪農時[4], 則爲之疾矣. 量入爲出, 則用之舒矣." 愚按 : 此因有土有財而言, 以明足國之道在乎務本而節用, 非必外本內末而後財可聚也. 自此以至終篇, 皆一意也.

역자 해설

1. 여씨呂氏 : 송대의 유학자인 여대림呂大臨이다. 사량좌謝良佐·유초游酢·양시楊時와 더불어 정호와 정이 문하의 대표적 학자이다. 처음에는 장재張載에게 수학했으나 장재가 죽자 정호와 정이에게 배웠다. 그렇다고 이정자의 사상을 완전하게 추종한 것은 아니었다. 또 형 대균大鈞과 함께 질서유지와 상호부조를 위해 향리에서 여씨향약呂氏鄕約을 조직하기도 했다.
2. 유민游民 : 하는 일 없는 노는 사람.
3. 조무행위朝無幸位 : 아무런 품덕과 재능도 없으면서 조정에서 봉록俸祿만을 받는 사람이다.
4. 불탈농시不奪農時 : 농사철을 빼앗지 않는다는 것은 농사짓는 시기에 대규모 토목공사나 전쟁을 벌이지 않는다는 의미이다.

❈ 전문10 치국평천하 ❈

인자는 재화로써 몸을 일으키고, 인하지 못한 사람은 몸으로써 재화를 일으킨다.

仁者以財發身[1], 不仁者以身發財[2].

역자 해설

1. 이재발신以財發身 : 주희에 의하면 발發은 '일으키다'의 뜻이지만, 실제로는 '얻다'로 해석해야 한다. 즉 재화를 온 백성들에게 고르게 분배해 주면 백성들로부터 숭고한 덕망을 얻는다.
2. 이신발재以身發財 : '이재발신'과 반대의 의미이다. 즉 덕망을 추구하지 않고 오로지 군주라는 자신의 지위(身)만을 이용하여 재화만을 축적한다는 것이다.

주희 주

'발發'은 일으키다는 뜻이다. 인자는 재화를 (백성들에게) 나누어 주어 백성들의 마음을 얻고, 인하지 못한 자는 몸을 망쳐가면서 재화를 증식한다.

發, 猶起也. 仁者散財以得民, 不仁者亡身以殖貨.

※ 전문10 치국평천하 ※

윗사람이 인을 좋아하는데 아랫사람이 의로움을 좋아하지 않은 경우는 없다. (백성들이) 의로움을 좋아하면 (윗사람의) 일이 마무리 되지 않음이 없고, 창고의 모든 재화가 (윗사람의) 재화가 아닌 것이 없다.

未有上[1]好仁而下[2]不好義者[3]也. 未有好義其事不終者[4]也, 未有府庫[5]財非其財者[6]也.

역자 해설

1. 상上 : 군주를 지칭한다.
2. 하下 : 일반 백성을 가리킨다.
3. 미유상호인이하불호의자未有上好仁而下不好義者 : 군주가 '인'이라는 도덕의지를 좋아하고, 도덕의지에 의거하여 일을 처리하며, 또 '인'한 마음으로 백성들을 사랑하면 백성들도 항상 합리적인 판단을 하려고 노력한다.
4. 미유호의기사부종자未有好義其事不終者 : 군주가 벌인 사업은 모두 국가의 부강과 백성들의 행복을 추구하는 것이기 때문에 합리적 판단(義)을 좋아하는 백성들은 군주의 사업을 반드시 완성하려고 노력한다.

5. 부고府庫 : 국가의 재원을 저장하는 큰 창고를 가리킨다.

6. 미유부고재비기재자未有府庫財非其財者 : 국가의 재원은 모두 백성의 행복 실현을 위하여 사용되기 때문에 어느 누구도 원칙에 맞지 않게 지출하지 않을 것이다. 즉 인자한 군주의 뜻에 따라 지출되기 때문에 군주의 재화가 아닌 것이 없게 된다.

주희 주

윗사람이 인을 좋아하여 아랫사람을 사랑하면 아랫사람은 의로움을 좋아하여 윗사람에게 충성을 다한다. 그렇기 때문에 (군자가 벌인) 사업은 반드시 완성되고, 창고의 재화가 잘못 지출되는 걱정이 없게 된다.

上好仁以愛其下, 則下好義以忠其上. 所以事必有終, 而府庫之財無悖出之患也.

전문10 치국평천하

맹헌자가 말했다. "마승을 구비한 사람은 닭과 돼지를 관리하지 않는다. (제사에) 얼음을 썰어서 사용하는 경·대부의 집에서는 소와 양을 기르지 않는다. 백승의 식읍을 소유한 집에서는 백성들에게 무거운 세금을 거두어들이는 신하를 두지 않는다. 백성들에게 무거운 세금을 거두어들이는 신하를 둘 바에는 차라리 (자신의) 재물을 훔치는 신하를 두는 것이 낫다. 이를 일러 나라를 다스리는 사람은 자신의 이익을 이익으로 삼지 않고, 의로움을 이익으로 삼는다고 한다.

孟獻子[1]曰 : "畜[2]馬乘[3], 不察[4]於雞豚. 伐冰之家[5], 不畜牛羊. 百乘之家[6], 不畜聚斂之臣[7]. 與其有聚斂之臣, 寧[8]有盜臣[9]." 此謂國不以利爲利, 以義爲利也.

역자 해설

1. 맹헌자孟獻子 : 노나라의 대부인 중손멸仲孫蔑이다. '헌자'는 그의 시호이다. 현명하고 어진 대부로 백성들의 칭송을 받았다.
2. 축畜 : '기르다'의 의미가 아니라 '구비하다'로 해석해야 한다.
3. 마승馬乘 : 1승은 수레 하나이다. 하나의 수레는 네 마리의 말이 끈다. 마승을 구비한 자는 사士의 신분인 학자가 처음 관직에 등용되어 대부의 지위에 오른 사람이다.
4. 불찰不察 : '찰'은 '이것저것 살피다'는 의미이지만, 이곳에서는 '관리하다'로 해석해야 한다.
5. 벌빙지가伐冰之家 : 옛날에 신분이 경·대부에 이른 사람만이 상례와

제사를 지낼 때 얼음을 사용했기 때문에 경·대부를 벌빙지가라고도 칭한다.

6. 백승지가百乘之家 : 일정한 봉지封地를 소유한 공경公卿이다. 이들은 백승의 군마를 소유하고 있었기 때문에 백승지가라고 칭한다.
7. 취렴지신聚斂之臣 : '취렴지신'은 공경을 대신하여 백성들에게 무거운 세금을 징수하는 사람이다.
8. 여기與其~녕寧 : '…을 하느니 차라리 …을 하는 것이 낫다'는 숙어이다. '백성들에게 무거운 세금을 거두어들이는 신하를 둘 바에는 차라리 (자신의) 재물을 훔치는 신하를 두겠다'는 뜻이다.
9. 도신盜臣 : 공경의 재산을 축내는 신하를 지칭한다.

주희 주

맹헌자는 노나라의 현명한 대부인 중손멸이다. 마승을 구비한다는 것은 지식인이 처음 등용되어 대부가 된 사람이다. '벌빙지가'는 경대부 이상의 신분을 소유한 사람들으로서 상례와 제사를 지낼 때 얼음을 사용하는 사람이다. '백승지가'는 채지(봉지)를 소유한 사람이다. 군자는 자신의 재화를 잃을지언정 차마 백성들의 힘을 상하게 하지 못한다. 그렇기 때문에 자신의 재물을 훔치는 신하를 둘지언정 백성들에게 무거운 세금을 거두어들이는 신하를 두지 않는다. 차위此謂 이하는 맹헌자의 말을 해석한 것이다.

孟獻子, 魯之賢大夫仲孫蔑也. 畜馬乘, 士初試爲大夫者也. 伐冰之家, 卿大夫以上, 喪祭用冰者也. 百乘之家, 有采地者也. 君子寧亡己之財, 而不忍傷民之力. 故寧有盜臣, 而不畜聚斂之臣. 此謂以下, 釋獻子之言也.

전문10 치국평천하

나라의 어른인 군주가 오로지 재화 모으는 것에만 힘을 쓰는 것은 틀림없이 소인배들의 조종으로부터 비롯된 것이다. 저 소인배들로 하여금 제멋대로 나라를 다스리게 하면 천재와 인해가 함께 몰려 올 것이다. 이러한 상황에서는 비록 선한 사람이 (조정에) 있을지라도 어찌 할 수가 없다. 이것을 일러 나라를 다스리는 사람은 자신의 이익을 이익으로 삼지 않고 의로움으로써 이익을 삼는다고 한다.

長國家[1]而務財用[2]者, 必自小人[3]矣. 彼爲善之, 小人之使爲國家[4], 菑害並至. 雖有善者, 亦無如之何矣. 此謂國不以利爲利, 以義爲利也.

역자 해설

1. 장국가長國家 : 이곳에서 '장長'은 동사로 사용된다. 즉 '국가의 어른인 군주로서' 혹은 '국가의 수장인 군주로서' 등으로 해석해야 한다.
2. 무재용務財用 : 군주가 자신의 재물 축적에만 힘을 쓴다.
3. 필자소인必自小人 : 소인배들로부터 말미암는다. 즉 군주가 자신의 재물만을 모으는데 힘을 쓰는 것은 아래의 소인배들이 군주를 잘못 보필하기 때문이다.
4. "피위선지彼爲善之, 소인지사위국가小人之使爲國家" : 이 문장의 문맥은 약간 어색하다. '피彼'는 소인배를 지칭하고, '선지善之'는 제멋대로의 뜻이다. 비록 주희가 빠진 문자 혹은 오자가 있는 것 같다고 했지만, 문장을 해석함에는 크게 문제가 되지 않을 것 같다.

주희 주

"피위선지彼爲善之" 이 구절의 위아래에는 빠진 문장이나 틀린 문자가 있는 것 같다. '자自'는 말미암다의 뜻이다. 이는 소인배들의 조종으로 말미암는다는 것을 말한 것이다. 이 구절에서는 군주 자신의 이익을 이익으로 삼는 해로움을 더욱 깊게 밝혀 한 번 더 결론을 맺고 있으니 간절한 뜻이 더욱 절실하다.

彼爲善之, 此句上下, 疑有闕文誤字. 自, 由也, 言由小人導之也. 此一節, 深明以利爲利之害, 而重言以結之, 其丁寧之意切矣.

오른쪽은 전문 10장이다. 치국평천하를 해석한 것이다. 이 장의 뜻은 (군주가) 백성들과 함께 좋아함과 싫어함에 힘을 써야지 그 이익을 독점해서는 안 된다는 것에 있다. 이는 모두 혈구의 뜻을 미루어 확대한 것이다. 이와 같이 할 수 있으면 (옛날 성왕이) 사랑한 사람을 사랑하고, (옛날 성왕이) 현명하다고 생각한 사람을 현명하다고 여기며, 백성들은 (옛날 성왕이) 즐겁게 해줌을 즐겁게 여기고, 그 이롭게 해줌을 이롭게 여기어 모든 것이 올바름을 얻으니 천하가 평정되는 것이다.

右傳之十章. 釋治國平天下. 此章之義, 務在與民同好惡而不專其利. 皆推廣絜矩之意也. 能如是, 則親賢樂利[1]各得其所, 而天下平矣.

전문 열 장에서 앞의 네 장에서는 강령과 취지를 전체적으로 논하였고, 뒤의 여섯 장에서는 조목의 공부를 세세하게 논하였다. 5장은 선을 밝히는 요체이고, 6장은 몸을 성실하게 하는 근본이니 처음 학문을 접하는 사람들이 특히 마땅히 먼저 급하게 힘을 써야 할 곳이다. 독자들은 그것의 내용이 얕다고 생각하여 홀시해서는 안 된다.

凡傳十章, 前四章統論綱領指趣, 後六章細論條目功夫. 其第五章乃明善之要, 第六章乃誠身之本, 在初學尤爲當務之急, 讀者不可以其近而忽之也.

역자 해설

1. 친현락리親賢樂利 : 전문 3장의 "군자현기현이친기친君子賢其賢而親其親, 소인락기락이리기리小人樂其樂而利其利"를 줄여서 쓴 것이다.

『고본대학』

『예기』의 원본인 『고본대학』과 주희 『개본대학』의 형식적 구조 차이는 별로 크지 않다. 『고본대학』과 『개본대학』의 외형적 차이는 다음 세 가지로 요약할 수 있다.

첫째, 주희가 『대학』 전문 제 7장 마지막에서 "이 다음은 구문(舊文—『고본대학』)에 실려 있는 것을 옳은 것으로 삼는다"고 언급한 것처럼 전문 중에서 가장 많은 구절이 수록된 제 8·9·10장은 배열과 내용이 동일하다. 나머지는 『시경』과 『서경』에서 인용한 구절 배열과 전문의 순서에 관한 차이일 뿐이다.

둘째, 『고본대학』에는 없는 「격치보전」을 주희가 새롭게 첨가했다는 것이다.

셋째, 『고본대학』의 재친민在親民을 주희가 재신민在新民으로 고친 것이다. 이것이 가장 중요한 차이이다. 왕수인은 주희의 신민설에 반대하면서 『고본대학』의 친민을 고수했다. 주희와 왕수인 두 학자는 신민설과 친민설 정당화 근거를 『대학』의 전문에서 찾았다.

첫째와 둘째는 이미 『개본대학』 전문의 해설에서 이미 상세하게 소개했다. 『고본대학』과 『개본대학』의 가장 중요한 차이는 바로 친민과 신민에 있다. 주희 신민설의 근거는 전문 2장의 "어느 날 진실로 새로워졌거든 매일매일 새롭게 하고 또 매일 새롭게 하라(苟日新, 日日新, 又日新)"와 "새로워지려는 백성을 진작하라(作新民)" 그리고 "주나라가 비록 오랜 제후의 나라이지만 그 명은 새롭다(周雖舊邦, 其命維新)"는 것이다.

왕수인 친민설의 근거는 전문 제 2장의 "군자는 (옛날 성왕이) 현명하다고 생각한 사람을 현명하다고 여기고, (옛날 성왕이) 사랑한 사람을 사랑한다(君子賢其賢, 而親其親)"와 9장의 "갓난아이를 돌보듯이 한다(如保赤子, 民之所好)"는 것이다.

신민설과 친민설의 논쟁은 이미 주희 철학과 왕수인 철학의 근본 성격에 의하여 결정된 것이다. 『대학』의 치지격물은 주희 인식론의 핵심이고, 왕수인 철학에서는 치양지의 기본 틀이다. 주희는 명명덕을 개인의 주체적인 학습으로, 친민을 명명덕을 통해 백성들을 교화시키는 것으로 인식하여 친민을 신민으로 고쳤다. 이렇게 되면 지어지선은 개인뿐만 아니라 전 백성이 교화되어 자신의 명덕을 남김없이 실현한 경지라고 해야 한다. 비록 백성을 교화한 것에 사랑의 '친' 의미가 포함되어 있다고 할 수 있지만, '신'의 본질 내용은 사랑이 아니라 교육을 통한 학습과 교화이다. 때문에 '친'보다는 '신'이 적절하다고 생각한 것이다.

반면 왕수인은 천지만물일체설을 근거로 친민을 고수한다. 왕수인은 “명덕을 밝히는 것은 천지만물과 일체를 이루는 본체를 세우는 것이고, 민중을 사랑한다는 것은 천지만물과 일체를 이루는 작용을 달성하는 것이다”라고 한다. 그렇다면 왕수인 철학에서 명명덕은 양지인 명덕을 자각하여 실현하는 것이고, 친민은 백성들과 감응하여 서로 사랑할 뿐만 아니라 더 나아가 천지만물과 감응하는 과정이며, ‘지어지선’은 양지가 충분히 확장되어 천지만물과 일체를 이루는 지극의 경지라고 할 수 있다. 다시 말하면 명덕인 양지를 실현하여 타자와 일체를 이루는 것이 곧 친민이고, 이 친민의 완전 실현, 즉 천지만물일체가 바로 지어지선이 된다.

『대학』의 친민과 신민은 『대학』 전체의 의리를 근거로 판단해야 한다. 만일 『대학』 ‘재친민’에 대하여 주희 철학과 왕수인의 심학에 대한 편향된 시각으로 접근하면 주희나 왕수인처럼 『대학』의 전문에서 신민과 친민에 부합하는 근거만을 찾아 자의적인 해석을 할 것이다.

다음은 『고본대학』의 전문이다. 필자는 『고본대학』과 『개본대학』의 분장 차이를 명확하게 드러내기 위하여 각각의 단락 아래에 『개본대학』의 경문과 전문을 표기했다.

1.

大學之道, 在明明德, 在親民, 在止於至善. 知止而后有定, 定而后能靜, 靜而后能安, 安而后能慮, 慮而后能得. 物有本末, 事有終始, 知所先后, 則近道矣.

古之欲明明德於天下者, 先治其國. 欲治其國者, 先齊其家. 欲齊其家者, 先修其身. 欲修其身者, 先正其心. 欲正其心者, 先誠其意. 欲誠其意者, 先致其知. 致知在格物.

物格而后知至. 知至而后意誠. 意誠而后心正. 心正而后身修. 身修而后家齊. 家齊而后國治. 國治而后天下平.

自天子以至於庶人, 壹是皆以修身爲本. 其本亂而末治者, 否矣. 其所厚者薄, 而其所薄者厚, 未之有也.

— 『개본대학』 경문

2.

此謂知本. 此謂知之至也.

— 『개본대학』 전문 5장 격치보전

3.

所謂誠其意者, 毋自欺也, 如惡惡臭, 如好好色. 此之謂自謙. 故君子必愼其獨也.

小人閒居爲不善, 無所不至, 見君子, 而后厭然. 揜其不善, 而著其善. 人之視己, 如見其肺肝然, 則何益矣. 此謂誠於中, 形於外. 故君子必愼其獨也.

曾子曰 : "十目所視, 十手所指, 其嚴乎." 富潤屋, 德潤身. 心廣, 體胖. 故君子必誠其意.

—『개본대학』 전문 6장 성의

4.

『詩』云 : "瞻彼淇澳, 菉竹猗猗. 有斐君子. 如切如磋, 如琢如磨. 瑟兮僩兮, 赫兮喧兮. 有斐君子, 終不可諠兮." 如切如磋者, 道學也. 如琢如磨者, 自修也. 瑟兮僩兮者, 恂慄也. 赫兮喧兮者, 威儀也. 有斐君子, 終不可諠兮者. 道盛德至善, 民之不能忘也.

『詩』云 : "於戲前王不忘 ! " 君子賢其賢, 而親其親. 小人樂其樂, 而利其利. 此以沒世不忘也.

—『개본대학』 전문 3장 지어지선止於至善

5.

「康誥」曰 :“克明德.”

「大甲」曰 :“顧諟天之明命.”

「帝典」曰 :“克明峻德.” 皆自明也.

—『개본대학』 전문 1장 명명덕

6.

湯之盤銘曰 :“苟日新, 日日新, 又日新.” 康誥曰 :“作新民.”『詩』曰 :“周雖舊邦, 其命惟新.” 是故君子無所不用其極.

—『개본대학』 전문 2장 신민

7.

『詩』云 :“邦畿千里, 惟民所止.”

『詩』云 :“緡蠻黃鳥, 止於丘隅.” 子曰 :“於止, 知其所止, 可以人而不如鳥乎?”

『詩』云 :“穆穆文王, 於緝熙敬止.” 爲人君, 止於仁. 爲人臣, 止於敬. 爲人子, 止於孝. 爲人父, 止於慈. 與國人交, 止於信.

—『개본대학』 전문 3장 지어지선

8.

子曰 :“聽訟, 吾猶人也, 必也使無訟乎!” 無情者不得盡其辭, 大畏民志. 此謂知本.

—『개본대학』 전문 4장 본말

9.

所謂修身在正其心者, 身有所忿懥, 則不得其正. 有所恐懼, 則不得其正. 有所好樂, 則不得其正. 有所憂患, 則不得其正. 心不在焉, 視而不見, 聽而不聞, 食而不知其味. 此謂修身在正其心.

—『개본대학』 전문 7장 정심

10.

所謂齊其家在修其身者 :人之其所親愛, 而辟焉. 之其所賤惡, 而辟焉. 之其所畏敬, 而辟焉. 之其所哀矜, 而辟焉. 之其所敖惰, 而辟焉. 故好而知其惡, 惡而知其美者, 天下鮮矣. 故諺有之曰 : "人莫知其子之惡, 莫知其苗之碩." 此謂身不修, 不可以齊其家.

－『개본대학』 전문 8장 수신제가

11.

所謂治國必先齊其家者, 其家不可教, 而能教人者, 無之. 故君子不出家, 而成教於國. 孝者, 所以事君也. 弟者, 所以事長也. 慈者, 所以使衆也.

『康誥』曰 : "如保赤子, 心誠求之." 雖不中不遠矣. 未有學養子, 而后嫁者也.

一家仁, 一國興仁, 一家讓, 一國興讓, 一人貪戾, 一國作亂. 其機如此. 此謂一言僨事, 一人定國.

堯舜帥天下以仁, 而民從之. 桀紂帥天下以暴, 而民從之. 其所令反其所好, 而民不從. 是故君子, 有諸己, 而後求諸人. 無諸己, 而後非諸人. 所藏乎身不恕, 而能喩諸人者, 未之有也. 故治國在齊其家.

『詩』云 : "桃之夭夭, 其葉蓁蓁, 之子于歸, 宜其家人."

宜其家人, 而後可以教國人.

『詩』云: "宜兄宜弟." 宜兄宜弟, 而后可以教國人.

『詩』云: "其儀不忒, 正是四國." 其爲父子兄弟足法, 而后民法之也. 此謂治國, 在齊其家.

—『개본대학』 전문 9장 제가치국

12.
所謂平天下在治其國者, 上老老而民興孝, 上長長而民興弟, 上恤孤而民不倍. 是以君子有絜矩之道也. 所惡於上, 毋以使下. 所惡於下, 毋以事上. 所惡於前, 毋以先後. 所惡於後, 毋以從前. 所惡於右, 毋以交於左. 所惡於左, 毋以交於右. 此之謂絜矩之道.

『詩』云: "樂只君子, 民之父母." 民之所好好之, 民之所惡惡之, 此之謂民之父母.

『詩』云: "節彼南山, 維石巖巖. 赫赫師尹, 民具爾瞻." 有國者不可以不愼, 辟則爲天下僇矣.

『詩』云:“殷之未喪師, 克配上帝. 儀監於殷, 峻命不易.” 道得衆, 則得國, 失衆, 則失國. 是故君子先愼乎德. 有德, 此有人. 有人, 此有土. 有土, 此有財. 有財, 此有用. 德者本也, 財者末也.

外本內末, 爭民施奪. 是故財聚則民散, 財散則民聚. 是故言悖而出者, 亦悖而入. 貨悖而入者, 亦悖而出.

『康誥』曰:“惟命不於常.” 道善則得之, 不善則失之矣.

『楚書』曰:“楚國無以爲寶, 惟善以爲寶.”

舅犯曰:“亡人無以爲寶, 仁親以爲寶.”

『秦誓』曰:“若有一個臣, 斷斷兮, 無他技, 其心休休焉, 其如有容焉. 人之有技, 若己有之. 人之彥聖, 其心好之. 不啻若自其口出. 寔能容之, 以能保我子孫黎民, 尚亦有利哉. 人之有技, 媢嫉以惡之. 人之彥聖而違之, 俾不通. 寔不能容, 以不能保我子孫黎民, 亦曰殆哉.”

唯仁人放流之, 迸諸四夷, 不與同中國. 此謂唯仁人爲能愛人, 能惡人. 見賢而不能擧, 擧而不能先, 命也. 見不善而不能退, 退而不能遠, 過也. 好人之所惡, 惡人之所好, 是謂拂人之性, 菑必逮夫身.

是故君子有大道, 必忠信以得之, 驕泰以失之. 生財有大道, 生之者衆, 食之者寡. 爲之者疾, 用之者舒, 則財恆足矣. 仁者以財發身, 不仁者以身發財. 未有上好仁而下不好義者也, 未有好義其事不終者也, 未有府庫財非其財者也.

孟獻子曰 :畜馬乘, 不察於雞豚. 伐冰之家, 不畜牛羊. 百乘之家, 不畜聚斂之臣. 與其有聚斂之臣, 寧有盜臣. 此謂國不以利爲利, 以義爲利也. 長國家而務財用者, 必自小人矣. 彼爲善之, 小人之使爲國家, 菑害並至. 雖有善者, 亦無如之何矣. 此謂國不以利爲利, 以義爲利也.

—『개본대학』 전문 10장 치국평천하

작품 해설

『대학』, 어떤 고전인가?

1. 『고본대학古本大學』과 『개본대학改本大學』

『대학』이라는 고전에 관하여 특별한 지식을 갖고 있지 않은 사람들은 대부분 『대학』을 사서四書 중 한 책이라고 생각할 것이다. 이러한 인식은 지금부터 약 800년 전부터 지속되었으니 잘못되었다고 할 수도 없다. 그렇다면 『대학』은 원래부터 『논어』와 『맹자』처럼 하나의 단행본으로 존재했는가? 결코 그렇지 않다. 『대학』은 『역경易經』·『시경詩經』·『서경書經』·『춘추春秋』와 더불어 오경五經 중의 하나인 『예기禮記』 49편 중의 제42편이었다. 우리가 알고 있는 사서 중 하나인 『대학』과 『중용』이 원래 수록되어 있던 곳은 『예기』였다.

『대학』은 비록 『예기』라는 경전의 한 편이었지만, 당唐 이전까지는 유학 경전에서 크게 주목받지 않은 서적이었다. 당대에 들어 한유韓愈와 이고李翺 등에 의하여 『대학』과 『중용』이 중시되기 시작하자 『논어』·『맹자』와 더불어 유학의 중심 경전으로 인식되기 시작했다. 그렇다고 학술계에 상당한 영향을 끼친 경전은 아니었다. 유가 학술 발전사에서 『대학』이 필수불가결한 핵심 경전으로서 위상을 확보하는 데는 상당한 시간이 필요했다.

그 후 북송의 사마광司馬光이 『대학』을 중시했고, 주희 철학의 종사宗師인 정이(程頤—伊川)는 자신의 인식론을 『대학』의 치지격물致知格物로 정립한다. 정이가 "함양은 반드시 경으로써 해야 하고, 배움에 나가게 하는 것은 치지에 있다"[1]고 한 후에 거경과 치지는 송명리학에서 핵심 공부론으로 자리 잡기 시작했고, 주희가 이를 계승하여 리기론理氣論과 격물치지 사이에 논리적 정합성을 수립하자 격물치지론의 출처인 『대학』은 일약 유학의 핵심 경전으로 승격된다.

주희 생존 시에 그의 성리학은 결코 관계官界의 환영을 받지 못했다고 한다. 심지어 과거시험을 응시하기 전에 주희의 관점으로 답안을 작성하지 않겠다는 서명을 해야만 과거 시험장에 입장 할 수 있었다고 하니, 당시 주희 철학에 대한 지배계급의 비토가 어느 정도였는지 짐작할 수 있다. 그러나 주희 사후 20년도 되지 않아 그의 성리학은 다시 부활하기 시작했고, 관방에서 장려까지 하자 주희의 성리학은 학술계를 거의 지배했다. 당시 비록 육구

---

1 『二程遺書』「卷18」, "涵養須用敬, 進學則在致知."

연陸九淵의 심학心學 사조가 있었지만, 학술계는 거의 주희의 성즉리와 격물치지에 의해 주도되었다.

주희는 『예기』에서 『대학』과 『중용』을 빼내어 『논어』·『맹자』와 함께 사서로 합성했다. 이것이 바로 『개본대학改本大學』이다. 주희의 성리학이 크게 성행하자 『개본대학』의 지위도 함께 상승했다. 후에 이것과 상대적으로 『예기』에 원래 실려 있는 『대학』을 『고본대학』이라고 칭했지만 주희 당시에는 『고본대학古本大學』이라는 명칭이 없었기 때문에 그는 『개본대학』과 구분하여 '구본舊本'이라고 칭했다.

혹자는 주희의 『사서집주』에서 『논어』·『맹자』는 『논어집주』·『맹자집주』라고 하면서 『중용』과 『대학』에 대해서는 『중용장구』·『대학장구』라고 칭하는 것에 대하여 의아하게 생각할 것이다. 이는 주희가 『논어』와 『맹자』에 대해서는 본래의 분장법分章法을 수정하지 않고 주석만을 첨가했기 때문이고, 『중용』과 『대학』은 원래 『예기』에 분장되어 있지 않고 전체가 통으로 편집되어 있었던 것을 주희가 장을 나누고 배열을 조정했으며, 다시 주석을 첨가했기 때문에 『중용장구』·『대학장구』라고 칭한 것이다. 이 때문에 『사서집주』라고 하기도 하고 『사서장구집주四書章句集注』라고 하기도 한다.

그 후 원元·명明·청清 삼대에 걸쳐 주희 성리학이 관방의 중심이념으로 자리 잡고, 과거시험에 주희의 『사서집주』가 필수교재

위상을 차지하자 『대학』의 지위도 함께 격상되기 시작했고, 사서의 지위는 오경보다 높아지게 되었다. 이제 사람들에게 『대학』이 원래 『예기』 49편 중의 한 편이었다는 사실은 잊혀지고, 유학의 대표 경전인 사서 중의 한 경전으로만 인식되기 시작했다. 심한 경우에는 『예기』에 주석을 첨가할 때 『대학』과 『중용』을 제외하기도 하고, 아예 『대학』과 『중용』의 원문을 수록하지 않기도 한다. 이제 『대학』은 『예기』로부터 독립되어 완전히 하나의 단행본으로 정립된 것이다.

그러나 『대학』이 『예기』로부터 언제 누구에 의하여 독립되어 하나의 단행본으로 정립되었는가에 대해서는 이설이 많다. 이에 관하여 청대의 유학자인 모기령毛奇齡은 『대학증문大學證文』에서 『대학』이 하나의 독립적인 단행본으로 성립된 것은 주희 이전이라고 주장한다. 그는 한유가 성의誠意를 언급했고, 또 송 왕조에서 과거에 급제한 사람에게 『대학』을 독립적으로 간행하여 하사했다는 것을 근거로 주희 이전에 단행본으로 성립되었다고 주장한다. 그러나 한유가 성의를 언급했다는 것은 근거로서 너무 빈약하고, 또 송 왕조에서는 『대학』뿐만 아니라 다른 경전 속의 한 편을 독립적으로 간행하여 신하들에게 하사하기도 했지만, '독립적으로 간행하여 하사했다'는 사실만을 근거로 하사한 편篇이 원전으로부터 독립되었다고 주장하지는 않는다.

또 청대의 문학자인 주이존朱彝尊은 사마광이 『대학』을 온전하게 주석했다는 점을 근거로 『대학』 단행본의 시초가 사마광의 『대학광의大學廣義』라고 주장한다. 그러나 사마광은 『대학』 외에도 『중용』 등 여러 편에 대해서도 독립적으로 주석했는데, 『대학』 외에 다른 저작들에서는 사마광의 독립적 주석을 근거로 단행본 문제를 제기하지 않는다. 필자는 사마광의 『대학광의』가 『대학』 최초 전문 주석서라는 점에 대해서는 신뢰가 가지만 그것을 『대학』이 『예기』로부터 독립되어 하나의 단행본으로 성립된 시초로 보기에는 무리가 있다고 생각한다.

정이도 『대학』을 '공문의 유서(孔門之遺書)'라고 생각했다. 정이는 『대학』에 대하여 전문적 주석도 하지 않았고, 『대학』을 『예기』로부터 독립시켜 단행본으로 정립하려는 노력도 하지 않았지만, 『대학』을 초학자들이 덕성 학문에 들어가는 문(入德之門)이라고 주장하여 유학에서 결코 배제할 수 없는 경전으로 확실하게 자리매김해 놓았다. 『대학』의 가치에 대한 인식은 사마광보다 훨씬 높았을 뿐만 아니라, 『대학』의 격물치지는 정이 철학의 핵심이 되었다. 그렇지만 어느 누구도 정이를 『대학』이 단행본으로 정립된 시작이라고 생각하지 않는다. 엄밀하게 보면 『대학』의 단행본 시초는 주희의 사서이다. 『대학』이 사서 중의 한 경전으로 정립 된 이후에 『대학』의 권위는 공전空前의 위상을 차지했고, 『대학』의 격물치지, 그리고 강령과 조목 등은 송명리학의 주요 이론과 이념으로 자리 잡았기 때문이다.

그러나 명대 왕수인王守仁을 중심으로 주희의 성리학을 비판하면서 심학이 성행하자 주희 성리학의 근간 이념을 제공했던 『대학』, 즉 『개본대학』의 권위도 함께 추락하기 시작했다. 일부 유학자들은 주희의 『개본대학』이 아닌 원래 『예기』에 실려 있는 『대학』을 학술 근거로 삼는 것이 정당하다고 생각하기 시작했다. 이러한 풍조는 명대 심학의 창시자인 왕수인에서부터 시작되었다.

주지하고 있는 바와 같이 왕수인 철학의 핵심은 맹자가 말한 양지良知이다. 맹자 철학에서 양지는 시비와 선악을 판단하는 인식작용이지만, 왕수인 철학에서 양지는 맹자가 말한 성선性善의 성, 그리고 육구연이 말한 심즉리心卽理의 심을 개괄하는 도덕실체이다. 왕수인이 양지라는 개념을 사용하여 공자의 인仁, 그리고 맹자의 성과 육구연의 심을 통합한 원인은 두 측면으로 나누어 해설할 수 있다.

하나는 불교와 주희 철학을 들 수 있다. 송명리학뿐만 아니라 불교에서도 심과 성 및 리 세 개념을 모두 사용하고 있다. 그러나 심·성·리 세 개념에 포함되어 있는 의미는 다르다. 또 당시에는 주희 철학이 학술계를 지배하고 있었고, 불교 역시 아직도 크게 성행되고 있었기 때문에 그들과 동일한 심·성·리 세 개념으로 학술의 체계를 정립한다면 왕수인만의 독특한 심학체계가 세인들에게 주목받지 못할 수도 있다. 때문에 왕수인은 이전 어느 누구도 도덕실체로 사용하지 않았던 양지를 제일 개념으로 내세워 심학의 창의성을 드러냈다.

다른 하나는 주희 철학과의 관련성이다. 왕수인 철학의 처음 출발점은 주희의 격물치지였다. 그는 오랜 기간 동안 주희 격물치지의 의미를 터득하려고 노력했고, 또 실천을 통하여 증명하려고 했지만, 결국은 실패했다. 후에 왕수인은 당시 환관의 수장이었던 유근劉瑾을 탄핵한 죄로 귀주貴州 용장龍場 역승으로 좌천되었고, 그곳에서 장기간 고초를 격자 그곳에 있는 동굴 하나를 정비하여 정좌를 하고서 "만약 성인이 나와 같은 상황에 처했다면 어떻게 할 것인가? 나와 다른 좋은 방법이 있겠는가? 아마 나처럼 이렇게 할 수밖에 없을 것이다"라고 생각하면서 생각에 잠겨 있었는데, 며칠 지나자 새벽에 홀연히 "성인의 도는 나의 본성에 갖추어져 있다. 리를 주희처럼 바깥의 사물에서 구하려고 하는 것은 잘못이다"라는 깨우침을 얻었다고 한다. 이것이 그 유명한 용장오도龍場悟道이다. 즉 주희처럼 격물궁리하지 않고 내 마음의 순수한 도덕적 자유의지에 의하여 선악을 판단할 수 있을 뿐만 아니라 선을 좋아하여 실천하고, 악을 미워하여 제거할 수 있다고 생각한 것이다.

왕수인은 호승심이 강한 학자였다. 그는 당시 주희 성리학을 따르는 학자들을 철저히 외면한 채 그들 학술의 근원인 주희 성리학을 직접 비판하면서 공격했다. 주희 학술은 『대학』의 격물치지가 핵심이었기 때문에 왕수인 자신 역시 『대학』의 치지격물을 기본 틀로 삼아 자신의 심학 체계를 정립한다. 그는 『대학』의 치지를 치양지致良知로 해석했고, 격물을 행위의 대상을 바로잡는다는 의미의 정물正物로 해석했다. 그리고 주희에 의하여 분장과 주석이 이루어진 『개본대학』을 따르지 않고 『예기』에 실려 있는 『고본대학』을 근거로 자신의 치양지 철학을 전개했다. 이후 심학자들은 대부분 주희에 의하여 새롭게 분장된 『개본대학』을 취하지 않고 『예기』의 원본에 따라 자신의 철학 사유를 전개했고, 주희의 『개본대학』과 구분하기 위하여 『고본대학』이라고 칭했다.

사실 왕수인이 비록 『고본대학』을 중시했다고 할지라도 '치양지'와 '정물'은 『개본대학』은 물론이고, 『고본대학』에서도 도출하기 어려운 이론이다. 정확하게 말하면, 왕수인은 『대학』의 사유로써 『대학』을 해석한 것이 아니라 맹자의 사유로써 『대학』을 해석했다. 혹자는 『논어』「위정」 편에 출현하는 "덕으로써 인도하고, 예로써 가지런히 하면 백성들이 자신들의 잘못에 대하여 부끄러움을 느끼고 바로 잡을 것이다(道之以德, 齊之以禮, 有恥且格)"를 근거로 왕수인이 격물을 정물로 해석한 것에 문헌적 근거가 있다고 주장할 수도 있지만, '격格' 자와 '정正' 자 사이에 문자적 관련은 긴밀하지 않다. 왕수인 치양지 철학에 있어 명덕明德은 양지이고 심성이며, 명명덕明明德은 치양지의 시작이고, 백성을 사랑하는 친민親民[2]과 지극한 선의 경지에 이르는 것은 도덕실천을 통하여 천지만물과 일체를 이루면서 만물의 본래적 가치를 회복해주는 것이다. 이것이 왕수인이 말한 "만물로 하여금 올바른 지위를 얻게 한다(使事事物物, 得其正所)"는 것으로, '정물'의 진정한 의미이다. 객관적으로 보면 『대학』에서 이러한 의미를 도출하는 것은 무리이다.

2. 『대학』의 저자는 누구인가?

『대학』의 저자에 관하여 주희는 경문經文 앞에 "『대학』은 공자가 남긴 글로서 처음 학문에 진입하는 사람이 덕의 세계로 들어가는 관문이다"라고 했고, 경문 마지막에 "(경문은) 공자의 말이고, 증자가 그것을 찬술했다. 전문 10장은 증자의 뜻을 문인들이 기록한 것이다"라고 했다. 그러나 이는 주희의 생각일 뿐 객관적인 고증을 거쳐 나온 결론은 아니다.

『대학』의 저자에 관한 설은 크게 세 가지가 있다. 하나는 『예기』의 『대학』 원본, 즉 『고본대학』으로, 저자에 관하여 언급이 없기 때문에 작자 불명不明이다. 다음은 공자의 손자인 자사子思가 저자라는 석경대학石經大學이며, 마지막은 증자의 저작이라는

2 주희는 『대학』의 친민(親民)을 신민(新民)으로 수정했지만, 왕수인은 『고본대학』에 따라서 '백성을 사랑한다'는 친민을 고수한다.

주희의 『개본대학』이다.

현재 『예기』는 총 49편으로 되어 있지만 한 사람에 의하여 지어졌는지(?) 아니면 여러 사람에 의하여 이루어진 것인지 알 수 없다. 지금까지 각 편의 저자가 확실하게 고증된 것은 한 편도 없다. 한대의 유학자 정현鄭玄 등이 몇 편의 저자를 밝히기도 했지만 그것도 사실성을 담보할 수 없다. 따라서 『예기』의 『대학』 원본 저자는 '누구인지 알 수 없다'가 정설이다.

두 번째의 석경대학에서는 『대학』을 자사의 저술이라고 한다. 석경대학은 명대 풍방豊坊이라는 사람이 위정화석경魏政和石經에서 찍은 것이다. 석경대학에 관하여 정효鄭曉는 "삼국시대 위나라의 정화 년간에 유사儒師인 우송虞松 등에게 오경을 고정考正하라는 조서를 내렸으며, 아울러 위기衛覬·감단순邯鄲淳·종회鐘會 등에게 돌에 각인하라는 명령을 내렸는데 그 안에 『예기』가 포함되어 『대학』과 『중용』은 석경예기 중에 실리게 되었다"고 하고, 또 "우송이 일찍이 표表를 올렸는데, 표 중에 가규賈逵의 말을 인용하여 자사가 성인의 도가 전해지지 않을까 걱정이 되어 『대학』을 지어 경經으로 삼고, 『중용』을 지어 위緯로 삼았다"고 하기도 한다. 그러나 위조魏朝에 정화라는 연호가 없으며, 우송·위기·종회 세 사람의 생존 연대를 보면 그들이 함께 석경을 각인했다는 것도 불가능하다. 또 가규의 말도 그 출처를 찾아 볼 수 없다. 따라서 풍방의 석경대학은 위작임이 분명하니 자사가 『대학』을 지었다는 주장은 성립하지 못하게 된다. 대만의 잠일성岑溢成에 의하면 이 석경대학이 어떻게 성립되었는가의 문제를 논하지 않는다면 주희의 개본改本처럼 또 하나의 개본으로 될 수 있지만, 주희의 개본은 단지 「격치보전格致補傳」만 주희가 추가했을 뿐 나머지는 원래 있었던 것의 배열을 수정한 것 뿐인데, 석경대학은 『고본대학』의 배열을 옮기고 바꾸며 수정한 정도가 너무 심하기 때문에 하나의 개본으로 긍정하기 어렵다고 한다.[3]

세 번째는 증자의 저작이라는 주희의 주장이다. 주희는 분명 "(경문은) 공자의 말이고, 증자가 그것을 찬술했다. 전문 10장은 증자의 뜻을 문인들이 기록한 것이다"라고 했다. 이 말을 분석하면 『대학』은 핵심인 경문이 공자의 말이기 때문에 정통 유학의 경전임이 틀림없다는 것이다. 주희가 『대학』이 증자의 저작이라고 단정한 것에 비록 여러 증거와 나름 설득력을 갖춘 주장이 포함되어 있지만, 그것만으로는 결코 『대학』이 증자의 작품임을 증명할 수 없다. 그럼에도 불구하고 왜 주희는 『대학』이 증자의 저작이라고 고집하는가? 필자는 유학의 도통설道統說과 밀접한 관련이 있다고 생각한다. 도통에 비록 정통과 이단을 결정하는 엄중한 의미는 희박하지만, 도통에서 벗어난 학술은 유가 철학발전사에서 그 학술의 진정한 가치를 평가받지 못했다.

---

3 석경대학에 관한 내용은 『대학철학』(岑溢成 저·황갑연 역, 서광사, 1986)의 32—33쪽을 참고했다.

일반적으로 사서라고 하면 『논어』·『맹자』·『중용』·『대학』이라는 네 권의 경전으로 이해되고 있지만 주희가 처음 『논어』·『맹자』·『대학』·『중용』을 간각刊刻할 때는 사서라고 하지 않고 사자서四子書라고 칭했다. '사자四子'는 네 명의 위대한 스승을 가리킨다. 그중 공자와 맹자는 당연히 포함되고, 『중용』이 자사의 작품이라는 설은 주희 이전에 있었기 때문에 주희는 네 명의 성인 중에 자사를 포함시켰다. 문제는 『대학』만이 저자가 없다는 점이다.

주지하고 있는 바와 같이 주희 심성론은 성즉리이다. 성즉리는 인간의 본성 자체가 곧 도덕실천의 원리, 즉 법칙이라는 것을 의미한다. 성이 곧 법칙이다는 것은 성이 절대적으로 선하다는 것과 동일한 의미이다. 주희는 가깝게는 정이를 학술의 종사로 삼고, 멀게는 맹자의 성선설을 핵심 근간 이론으로 수용했다. 맹자는 자사 문인의 제자였기 때문에 맹자와 자사는 동일계통의 사승師承 관계로 정립되고, 다시 자사는 증자의 문인이며, 증자는 공자의 제자이기 때문에, 주희의 학술에서 보면 도통은 공자에서 증자로, 다시 자사와 맹자로, 다시 주희에게 전해지게 된다. 때문에 주희의 도통설에서 증자는 결코 소홀하게 취급할 수 없는 인물이다.

공자가 비록 "성인의 학술을 전승했을 뿐 새롭게 창작하지 않았다(述而不作)"고 했지만, 공자에게는 『논어』라는 언행록이 있고, 또 『중용』이 자사의 저작이라는 주장은 객관적 전거가 부족하지만 자사 저작설이 일찍이 존재했기 때문에 자사와 『중용』을 연계시킬 수 있으며, 맹자는 『맹자』라는 저작이 있다. 오로지 증자만이 저술이 없다. 그런데 『대학』 전문에 "열개의 눈이 보고, 열 손가락이 가리키니 이 얼마나 두려운 일인가(十目所視, 十手所指, 其嚴乎)"라는 증자의 말이 수록되어 있다. 『논어』에는 공자와 더불어 제자의 언행이 많이 수록되어 있지만 『대학』에는 오로지 증자의 이 구절만이 수록되어 있다. 이것이 『대학』이 증자 저작이라는 유일한 객관적 근거이다. 그러나 주희에게 있어 더욱 중요한 것은 도통의 정당성을 확보하는 것이었다. 자신으로부터 시작하여 역으로 도통의 원류를 추적하면 반드시 증자가 등장하는데, 증자만이 유학의 학술을 대표하는 저작이 없다면 주희 도통설의 권위는 훼손될 수밖에 없다. 이러한 학술적 배경에서 주희는 증자 『대학』 저작설을 확립한 것이다. 그러나 엄격하게 말하면, 『대학』 증자 저작설은 '『대학』은 증자가 저술해야 한다'는 당위론적 입장에서 나온 것이다.

3. 주희와 『대학』

필자뿐만 아니라 중국 철학, 그중에서도 유가 철학 연구 종사자들에게 있어 주희가 편찬한 『사서집주』는 절대 빠뜨릴 수 없는 전적典籍일 것이다. 주희는 『논어』·『맹자』·『중용』·『대학』의 각 구문句文에 대한 사실적 의미 해설뿐만 아니라 구문과 구문을 유기적으로 연계시켜 하나의 정합성을 갖춘 문헌으로 재탄생시켰다.

이 보다도 중요한 것이 있다. 맹자의 성선설은 공자의 인仁을 계승한 것이고, 위학의 방법론 역시 '인'과 심성이라는 선의지의 자각 작용을 원동력으로 삼고 있기에 『논어』와 『맹자』는 동일계통 학술의 발전이라고 할 수 있다. 그러나 『중용』은 『논어』·『맹자』와 학술의 구조가 근본적으로 다르다. 특히 성과 하늘(天)의 관계가 상이하다. 맹자는 "내 마음의 작용을 다하여 본성을 알 수 있고, 하늘을 알 수 있다(盡心知性知天)"고 했다. 이에 대한 해설은 많지만, 필자는 이 구절을 다음과 같이 이해한다. '마땅히 도덕가치를 실현해야 할 때 무조건적으로 드러나는 도덕적 선의지(心)야말로 사람이 사람으로서 존재할 수 있는 근거(性)임을 깨닫고, 더 나아가 천지만물에 대한 선의지의 무한 감응성을 근거로 선의지 자신이 곧 하늘과 동일한 가치의 실체임을 깨닫는다.' 맹자는 심이라는 선의지 작용을 통하여 본성에 접근하고, 다시 천도로 접근하는 방식을 취한다. 이는 분명 상향식上向式이다. 그런데 『중용』은 첫 장에서 "하늘이 나에게 명한 것이 본성이다(天命之謂性)"고 한다. 본성에서 하늘로 접근하는 것이 아니라 하늘을 본성의 근원으로 삼고, 이로부터 본성을 도출한다. 이는 분명 하관식

下貫式이다.

『대학』도 마찬가지이다. 주희에 의하면, 『대학』의 명덕은 도덕본성이고, 명명덕은 본성을 실현하는 심의 지각작용과 실현능력이지만, 주희 이전에 명덕의 의미는 고정적이지 않았다. 이처럼 『논어』와 『맹자』를 제외하고는 서로 이질적인 학술계통의 전적인 『대학』과 『중용』이 주희에 의하여 하나의 사서라는 동일계통의 학술로 자리 잡는다. 이후 사서를 유가 철학 도통을 대표하는 전적으로 간주하는 것은 바로 주희의 절대적 공로(?)이다.

이처럼 주희의 역할은 대단했지만, 필자는 주희의 『맹자집주』를 볼 때마다 어딘지 자연스럽지 못하다는 느낌을 지울 수 없다. 왜냐하면 『맹자』에는 주희가 그토록 강조하는 격물치지가 없다. 순자 철학에서 억지로 찾는다면 비록 견강부회牽强附會라는 비판이 수반될 수 있겠지만 찾을 수는 있을 것 같다. 그러나 맹자 철학에는 격물치지의 이론적 근거가 전혀 없다. 맹자는 인간의 선의지를 철저하게 신뢰한 사람이다. 비록 맹자가 '마음이 곧 리이다'는 심즉리를 언급하지는 않았지만, '인의는 나의 마음에 내재되어 있다'는 인의내재仁義內在를 긍정했고, 성선 역시 사단지심을 중심으로 하는 심선心善을 근거로 증명한 것이기 때문에 맹자에서 심은 선의지 혹은 도덕의지 그리고 성은 도덕이성이라는 개념만 다를 뿐 실질 내용은 동일하다고 할 수 있다. 또한 심성은 시비와 선악을 판단할 수 있는 양지의 작용, 그리고 양지에 의하여 판단된 선악에 대하여 스스로 희열과 혐오를 드러낼 수 있는 양능의 작용을 갖추고 있기 때문에 주희처럼 격물치지가 근본적으로 불필요하다. 때문에 맹자는 "먼저 대체(大體 — 인의의 도덕심)를 올바르게 확립해야 한다(先立其大)" 혹은 "잃어버린 마음을 회복해야 한다(求其放心)"는 것만을 주장할 뿐 주희처럼 거경과 격물치지를 주장하지 않는다.

필자의 분석에 따르면, 주희가 비록 맹자의 성선설을 근간으로 성즉리를 내세웠지만, 사실 주희의 지적 영혼을 지배하고 있는 사람은 맹자가 아니라 순자이다. 제자백가諸子百家 중에서 순자처럼 후천적인 학습을 강조한 학자는 없다. 중국 대부분의 교육 철학은 순자 철학을 바탕으로 삼는다. 필자는 『주자어류』에 수록되어 있는 순자에 관한 기록을 상세하게 조사했다. 『주자어류』의 전체 분량에 비하면 순자에 관한 언급이 그리 많은 것은 아니다. 주희는 순자와 맹자를 함께 비교하면서 때로는 두 사람 모두에게 부분적인 비평을 하고, 때로는 순자에 대하여 전적으로 비평도 하지만, 또 다른 곳에서는 부분적으로 긍정하기도 한다. 순자에 대한 주희 비평은 다양하게 해설할 수 있지만 근본은 바로 인간 본성의 선성에 대한 인식 결여이다. 즉 성선설을 올바르게 직시하지 못했다는 것이다. 그러나 이것 외에 순자의 위학爲學 방법 등에 대해서는 상당히 우호적인 태도를 취한다. 맹자와 순자 그리고 주희와 왕수인 학술 차이를 불교의 용어를 빌려 표현하면, 맹자와 왕수인은 돈오점수頓悟漸修에 해당하고, 순자와 주희는 점오점수漸悟漸修에 가깝다. 그래서인지 『맹자』의 인의내재와 양지 등에 대한 주희의 해설은 어딘지 회피한다는 인상을 주기도 한다.

그러나 『대학』에 대한 주희의 해설은 참으로 빼어나다. 왜냐하면 『대학』의 조목과 강령은 주희가 꿈꾸는 유가의 이상국가와 그 체계가 일치하고, 치지격물로 시작하여 성의와 정심, 그리고 수신에 이르는 지행론知行論은 주희의 선지후행先知後行과 부합하기 때문이다. 다음은 『주자어류』에 나타난 『대학』에 대한 주희의 표현이다.

> 온공(사마광)이 『자치통감』을 지으면서 '내 평생 동안 열정을 이 책에 쏟았다. 『논어』와 『맹자』에 대해서는 오히려 힘을 쏟지 않았다'고 하였는데, 나 역시 그렇다.[4]

> 『대학』은 한 글자도 마음대로 써지지 않았다.[5]

주희는 이곳에서 사마광이 『자치통감』에 진력했듯이 자신 역시 『논어』와 『맹자』보다 『대학』에 온 정열을 다 바쳤다고 고백

---

4 『朱子語類』「卷14」, "溫公作『通鑑』言'臣平生精力, 盡在此書.' 某於『大學』亦然. 『論孟』中庸, 卻不費力."

5 『朱子語類』「卷14」, "大學一字不胡亂下."

하고 있다. 뿐만 아니라 죽기 3일 전까지 『대학』 「성의」 장을 수정했다고 한다.[6] 이것만을 보아도 『대학』에 대한 주희의 관심과 열정 그리고 주희 철학에서 『대학』이 점유하고 있는 위상을 알 수 있다. 『주자어류』 「권14」에는 『대학』에 대한 주희의 다양한 주장이 수록되어 있다.

> 먼저 『대학』을 읽고서 학문의 규모를 결정해야 한다.[7]

> 『대학』은 하나의 큰 성곽이다. 『대학』은 밭문서를 사는 것에 비유할 수 있고, 『논어』는 밭고랑의 크고 작은 곳에 가서 한 단락 한 단락 차례대로 경작해가는 것에 비유할 수 있다.[8]

> 『대학』은 자기를 수양하고 남을 다스리는 규모이다. 사람이 집을 짓는 것과 비슷한데, 집을 지으려면 먼저 터를 닦아야 한다.[9]

> 『대학』이라는 책은 길을 떠나는 여정과 유사하다. 어떤 곳에서부터 어떤 곳까지 가는 데 몇 리가 되고, 또 어떤 곳에서부터 어떤 곳

---

6 蔡沈 『夢奠記』, "初六日, 改『大學』誠意章."

7 『朱子語類』「卷14」, "某要人先讀『大學』以定其規模, 次讀『論語』以立其根本, 次讀『孟子』以觀其發越, 次讀『中庸』以求古人之微妙處."

8 『朱子語類』「卷14」, "『大學』是個大壞模. 『大學』譬如買田契, 『論語』如田畝闊狹去處, 逐段子耕將去."

9 『朱子語類』「卷14」, "『大學』是修身治人底規模. 如人起屋相似, 須先打個地盤."

까지 가는 데 몇 리가 된다는 것이다. 이러한 길의 여정을 알아야만 출발할 수 있다.[10]

주희 철학에서 『대학』은 학문의 규모이다. 치지격물로부터 평천하까지가 주희 학술의 전규모인데, 그중 치지격물이 시작이다. 『대학』은 밭문서이고 여행길에서의 여정이다.

주희는 또 "『논어』를 읽고서 그 학문의 근본을 세워야 하고, 그 다음에 『맹자』를 읽고서 그 학문의 발전을 보아야 하며, 다음에 『중용』을 읽고서 옛 사람들의 미묘한 의리를 추구해야 한다"[11]고 한다. 이 말을 오해해서는 안 된다. 이 말은 『논어』를 『맹자』와 『대학』 및 『중용』의 근본으로 삼아야 한다는 것이 아니라 먼저 『대학』으로서 외형적인 틀(규모)을 결정한 후, 그 속에 채워나가는 내용들 중에서 『논어』의 종지宗旨를 근본 혹은 핵심으로 삼으라는 의미일 것이다. 때문에 주희는 "『대학』은 밭문서를 사는 것에 비유할 수 있고, 『논어』는 밭고랑의 크고 작은 곳에 가서 한 단락 한 단락 차례대로 경작해가는 것에 비유할 수 있다"고 한 것이다.

주희는 먼저 『대학』으로서 학술의 전체 규모를 결정하고, 다

10 『朱子語類』「卷14」, "『大學』一書, 如行程相似. 自某處到某處幾裏, 自某處到某處幾裏. 識得行程, 須便行始得."

11 『朱子語類』「卷14」, "次讀『論語』以立其根本, 次讀『孟子』以觀其發越, 次讀『中庸』以求古人之微妙處."

음 3강령과 8조목을 소규모의 틀로 삼아 이곳에 『논어』와 『맹자』 및 『중용』의 내용을 배열하려고 한 것 같다. 『대학』의 명덕은 『논어』와 『맹자』 및 『중용』의 심성과 같고, 치지격물과 성의의 결합은 지행론에서 선지후행 그리고 지행합일이며, 수신과 제가 그리고 치국 및 평천하는 유가에서 지향하는 이상적인 정치론이다. 이처럼 명덕이라는 본체, 치지와 성의라는 도덕가치 실현순서 그리고 수신·제가·치국·평천하의 이상적 국가론이 『대학』에 모두 갖추어져 있기 때문에 주희는 『대학』을 성리학의 규모로 설정한 것이다. 주희 철학에서 『대학』을 제외하면 나머지는 하나의 독립적인 건축자재에 불과하다. 『대학』이라는 설계도와 골격이 정립된 후에 건축자재는 그에 따라 배치되어 하나의 아름다운 건축물을 이룰 수 있다.

역주자의 말

필자는 지금까지 적지 않은 역서를 출간했지만, 경전에 해당하는 번역은 『대학』이 처음이다. 이전에 『논어철학』·『맹자철학』·『중용철학』·『대학철학』이라는 서명으로 사서四書를 번역 출간했지만, 이는 중화권의 타인 저작을 다시 우리말로 번역한 것이기 때문에 필자의 창의적 번역이라고 할 수 없다.

필자가 『대학』 전문全文을 완역해보니 분량이 한 권의 단행본으로 출간하기에는 너무나 적었다. 『중용』과 합본도 생각해보았지만, 『대학』이 13세기 이후 약 800년 동안 동아시아 이데올로기 주류였던 유가 철학의 핵심 경전이었던 점을 고려하면 『대학』을 단독으로 출간하는 것도 필요하다고 판단했다. 이에 주희 장구章句를 따르고, 주희 주해註解도 함께 번역했으며, 아울러 필자의 주석도 첨가하여 한 권의 단행본으로 출판한다.

필자가 주희의 주해를 함께 수록하는 것은 단순히 분량만을 고려한 것은 아니다. 본질적인 원인은 『대학』이 주희에 의해 하나의 독립적인 철학서로서 재탄생되었기 때문이다. 주희 사후 대부분의 학자들이 강습講習한 『대학』은 『예기』 속의 『고본대학』이 아니라 주희에 의하여 재편되고 증보된 『대학장구』, 즉 『개본대학』이었다는 역사적 사실이 이를 증명한다.

필자는 대학 강단에서 송대宋代 주희 철학을 소개하면서 '주희는 『대학』이라는 귀신에게 빙의되었다'는 희언을 간혹 한다. 물론 지나친 표현이다. 그러나 방대한 주희 철학의 사유 구조는 극히 적은 분량의 『대학』이라는 서책에 의하여 결정되었다고 해도 과언이 아니다. 그중에서도 격물치지格物致知와 성의誠意는 주희 공부론의 핵심을 이룬다.[1]

대부분의 주희 철학 연구자들은 성즉리性卽理로부터 격물치지와 성의 공부론을 도출한다. 즉 인성론이 공부론을 결정했다고 생각한다. 그러나 필자의 이해는 다르다. 오히려 격물치지와 성의라는 공부론이 성즉리라는 심성론을 결정한 것 같다. 주희는 순간적인 직관 혹은 깨우침의 자각보다는 철저하게 학습을 통한 점진적인 발전을 추구하는 점교漸敎 형태의 철학자였다. 때문에 주희는 맹자의 사유보다는 『대학』의 격물치지를 기점으로 삼고, 성의와 정심 그리고 수신에 이르며, 다시 제가와 치국, 궁극적으

1 주희 철학을 비롯한 유가 철학은 행위계통에 속한 학문이다. 따라서 모든 이론은 도덕실천으로 귀약된다. 주희의 도덕론에서 격물치지는 지행론知行論에서 앎[知]의 기점이고, 성의는 실천[行]의 시작에 해당하는 공부이다.

로 평천하의 이상을 실현하려고 했다. 격물치지를 핵심 수양공부로 취하면, 심학자처럼 '내 마음이 곧 천리이다'는 심즉리를 긍정하기 어렵다.

『대학』은 당대唐代에 한유가 출현하기 전까지 약 1천년 동안 학자들의 별다른 주의를 끌지 못했다. 『대학』이라는 저작이 언제 이루어졌는지도 모르고, 저자가 누구인지도 알 수 없다. 또 한 사람에 의해서 이루어진 저작인지(?) 아니면 여러 사람의 언설을 종합한 것인지도 모른다. 『논어』나 『맹자』처럼 하나의 독립적 간행물도 아니었다. 『예기』 49편 중 제42편이었다. 그런데 언제부터인지 네 명의 성인 저작(?)인 사서 중 하나로 자리매김 되었을 뿐만 아니라, 네 권의 경전 중에서도 첫 번째 자리(首卷)에 배열되어 있다. 이러한 『대학』의 지위 격상은 모두 주희 한 사람의 공로였다.

『대학』이라는 경전은 주희에 의하여 리모델링되었다. 즉 주희에 의하여 하나의 철학서로 재탄생된 것이다. 뿐만 아니라 주희는 『대학』을 근거로 동아시아 유가 학술의 외형적 사유구조를 결정하기도 했다. 주희의 성즉리와 격물치지를 비판하면서 맹자의 근본정신으로 회귀할 것을 주창한 명대明代 왕수인(陽明) 치양지의 기본 틀 역시 『대학』의 격물치지였다. 주희 이후 『대학』은 유가 학술 토론의 중심으로 자리매김된 것이다.

고전을 번역할 때 항상 고민하면서도 절충점을 찾지 못하는 것이 있다. 가독성이 그것이다. 왜 번역을 하는가? 독자가 해독을 할 수 없기 때문에 우리말로 번역하여 소개하는 것이다. 그런데 우리말로 바꾸었는데도 순조롭게 읽지 못한다면 번역을 왜 한다는 말인가? 우리말로 전환했는데도 독자들이 쉽게 독해하지 못한다면 차라리 원문을 보고 고민하는 것이 더 폼나지 않을까? 그런데 가독성을 높이려고 노력하면 또 어딘지 원전의 본래 의미를 상실할 수도 있다는 두려움이 앞선다. 이래저래 고민하다가 본인 스스로 절충점을 찾았다고 생각하지만, 다시 보면 개선이 아니라 개악인 것 같아 마음이 영 개운하지 않다. 그래도 최대한 가독성을 높이려고 노력했다.

주희는 『대학』을 리모델링했지만, 나는 지금 집을 새 단장하고 있다. 내 가슴에 박혀 있는 가시처럼 아픈 둘째 수빈이의 꿈이 자신만의 베이커리 작업실을 갖는 것이어서 10평 규모의 빵공장을 만들고 있다. 완성되었을 때 수빈이의 환한 웃음이 벌써부터 기대된다.

이번에도 철학과 동양 철학 박사과정 신혜연 선생이 교정을 해주었고, 원전의 오탈자는 석사반 하효선 학생이 수고했다. 항상 고맙다.

2019년 7월

황갑연

황갑연

황갑연은 臺灣 東海大學 哲學硏究所에서 1992년『陸象山 道德哲學之硏究』로 석사학위를, 1996년『心學的 道德形上學硏究』(지도교수 蔡仁厚)로 박사학위를 취득했다.

황갑연의 학술연구 진행은 다음 3단계로 설명할 수 있다. 1단계, 1996년 귀국 이후 약 5년 동안 심학에 관한 논문과 저술을 학계에 집중 발표하면서 주자 성리학 중심의 한국 학술계의 연구에 다양성을 제공했다. 牟宗三의 대표작인『心體與性體』번역이 이 시기의 대표적 연구 결과이다. 2단계, 육구연과 왕양명 중심의 心學과 정이천과 주자 중심의 理學을 학술발전사 관점에서 재조명했다. 그 연구 결과가『리학·심학 논쟁』이다. 3단계, 주요 연구 분야는 유가철학에서 도덕과 문학예술 그리고 과학지식의 관계를 어떻게 정립하는가에 관한 것이다. 1차로 '중국 유가 철학 발전사에서 도학과 문학 및 예술의 관계가 어떻게 변천되었고, 그것의 득실은 무엇인가'를 문도론으로 종합하여 3년 연구를 마쳤다. 도덕과 문학예술 그리고 과학지식의 유기적 관련성에 대해서는 전통적인 유가 철학의 입장을 수용하지만, 주종적 관계에 대해서는 비판적 태도를 취한다.

저서로『리학·심학 논쟁』·『동양철학과 문자학』외 12권이 있고, 역서로『心體와 性體』외 6권이 있으며, 논문으로는「조선성리학자의 양명학 비판 논거에 대한 비판적 성찰」(퇴계 학보) 외 63편이 있다.

현재 전북대학교 철학과 교수로 재직하고 있다.

달섬 세계고전 9

대학

역　주 황갑연
펴낸이 김동원
펴낸곳 달섬

초판 1쇄 인쇄 2019. 07. 23
초판 1쇄 발행 2019. 07. 30

달섬 전라북도 전주시 완산구 어진길 32 (풍남동2가)
전화 (063) 219-5322
FAX (063) 219-5323
출판등록 2012년 8월 20일 제465-2012-000021호

값 8,000원

ISBN 979-11-6372-034-8 04820
ISBN 979-11-6372-001-0(세트) 04080

이 도서의 국립중앙도서관 출판예정도서목록(CIP)은 서지정보유통지원시스템 홈페이지(http://seoji.nl.go.kr)와 국가자료종합목록시스템(http://www.nl.go.kr/kolisnet)에서 이용하실 수 있습니다. (CIP제어번호 : CIP2019021778)

'달섬'은 전북대학교출판문화원의 임프린트입니다.